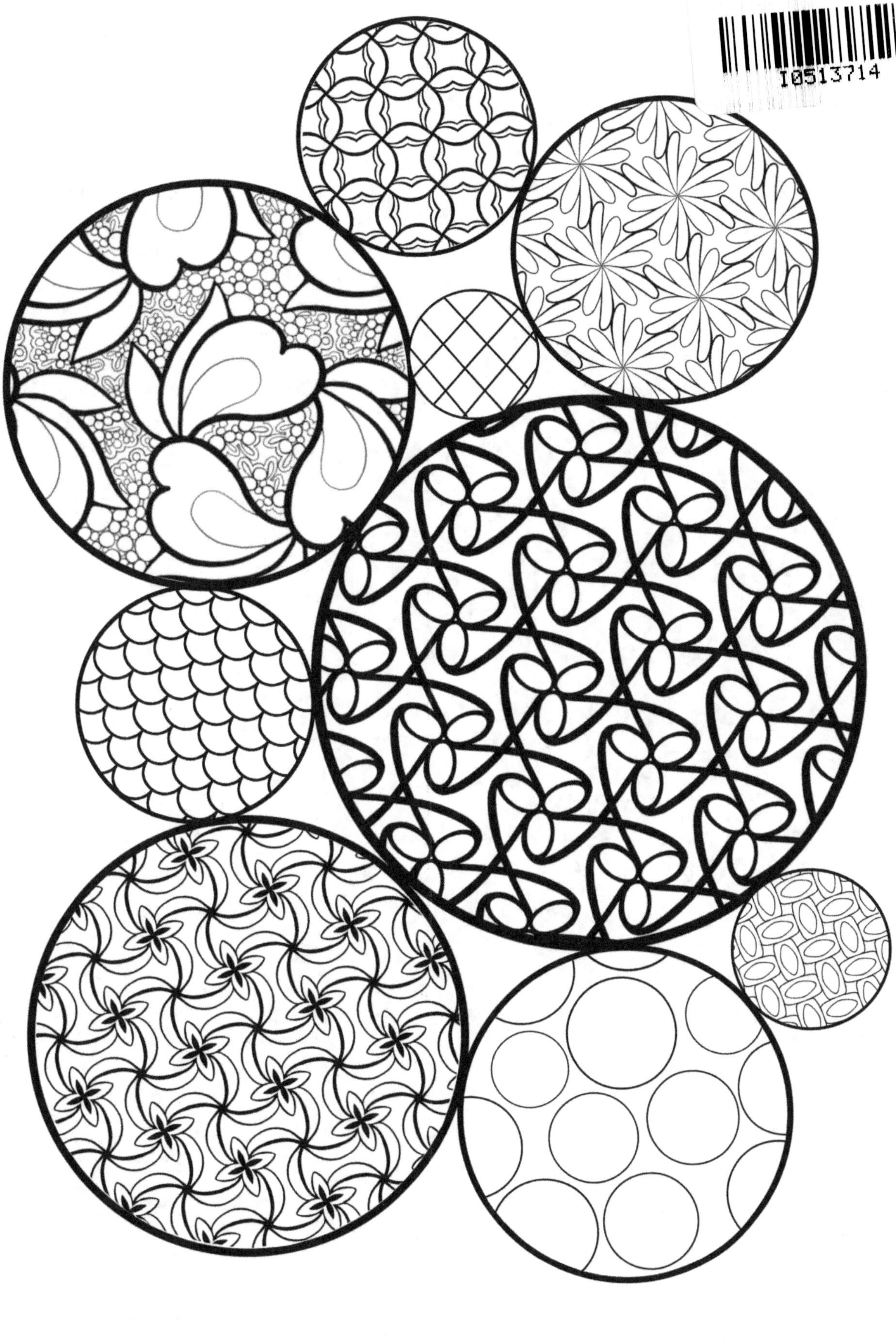

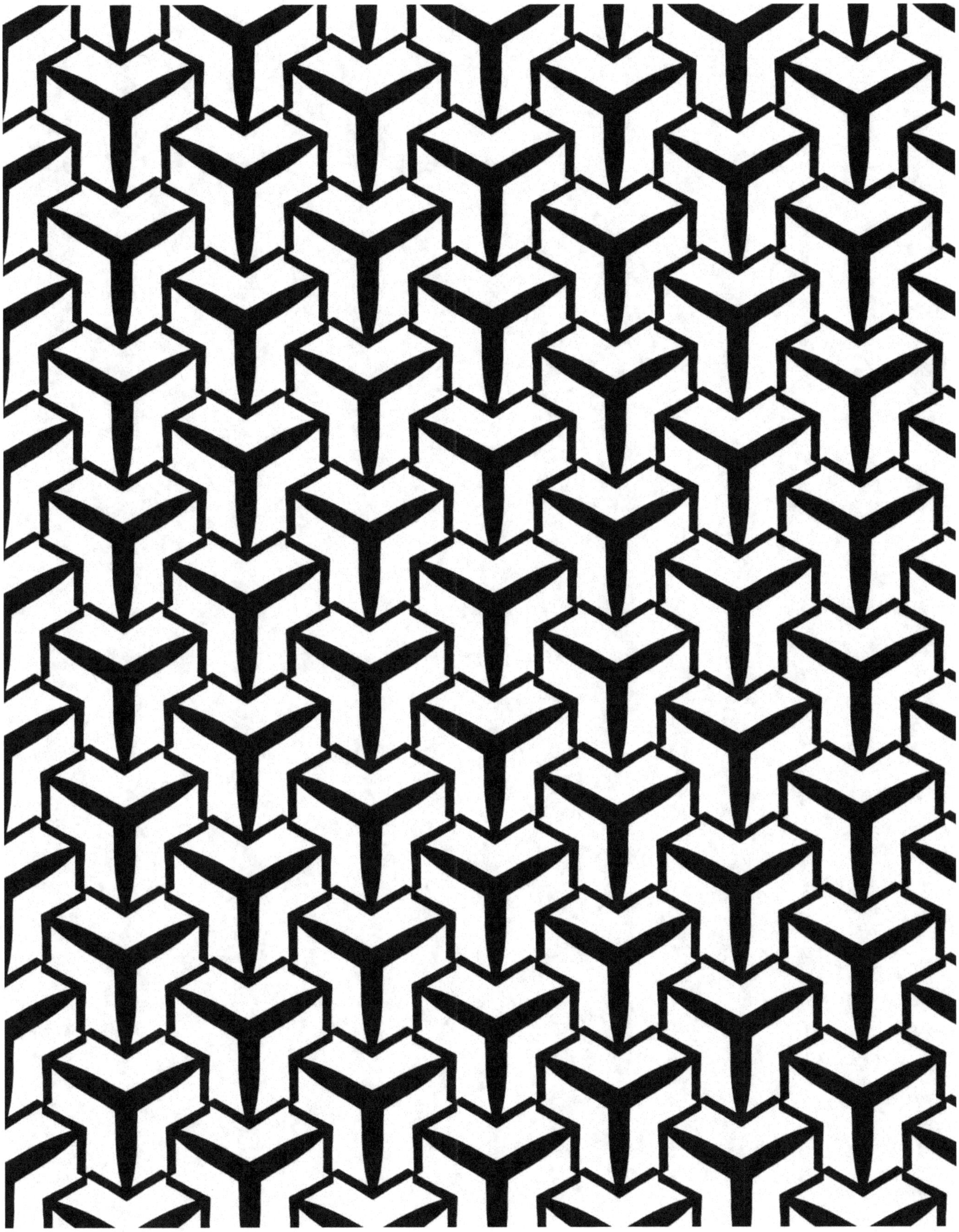

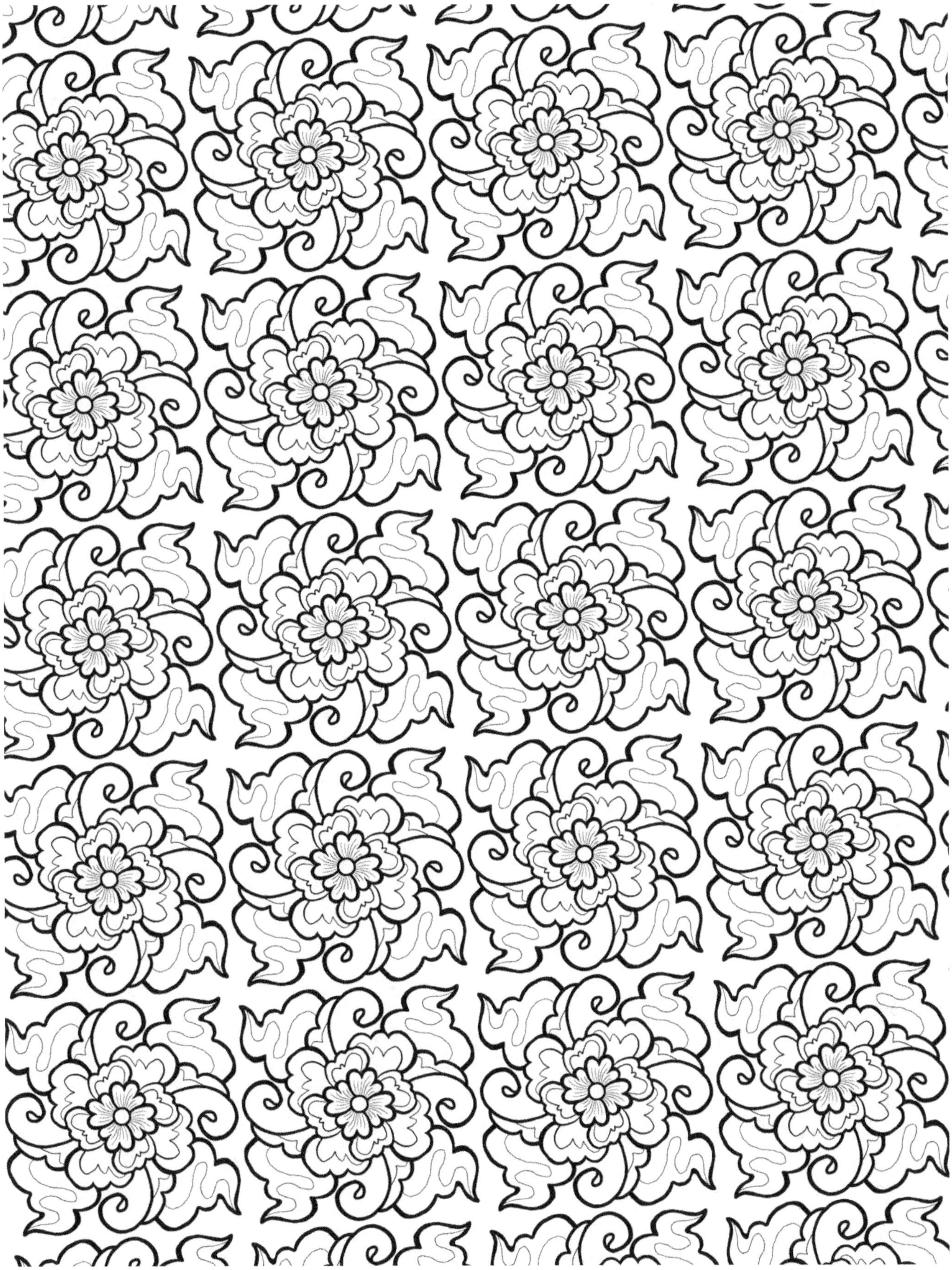

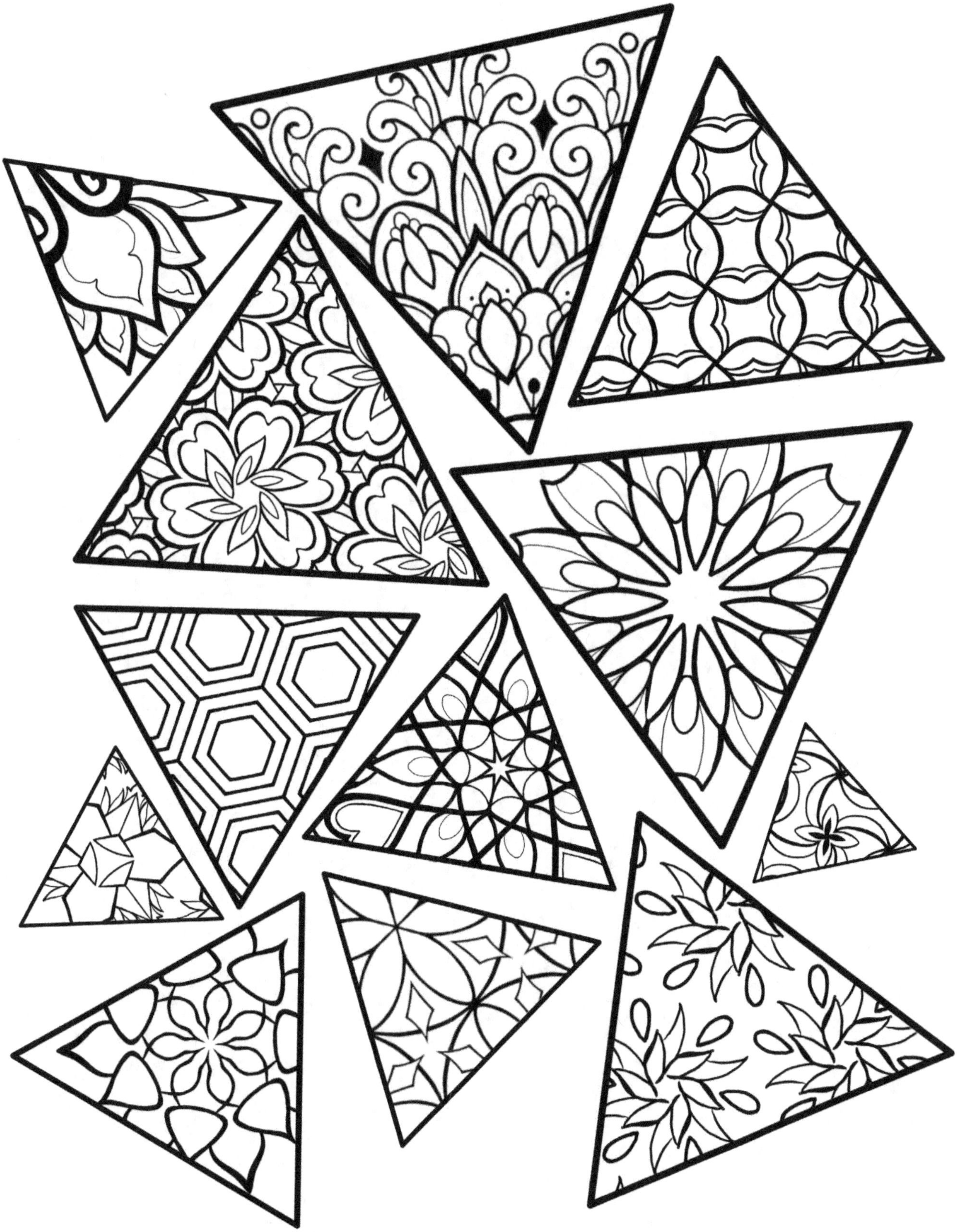

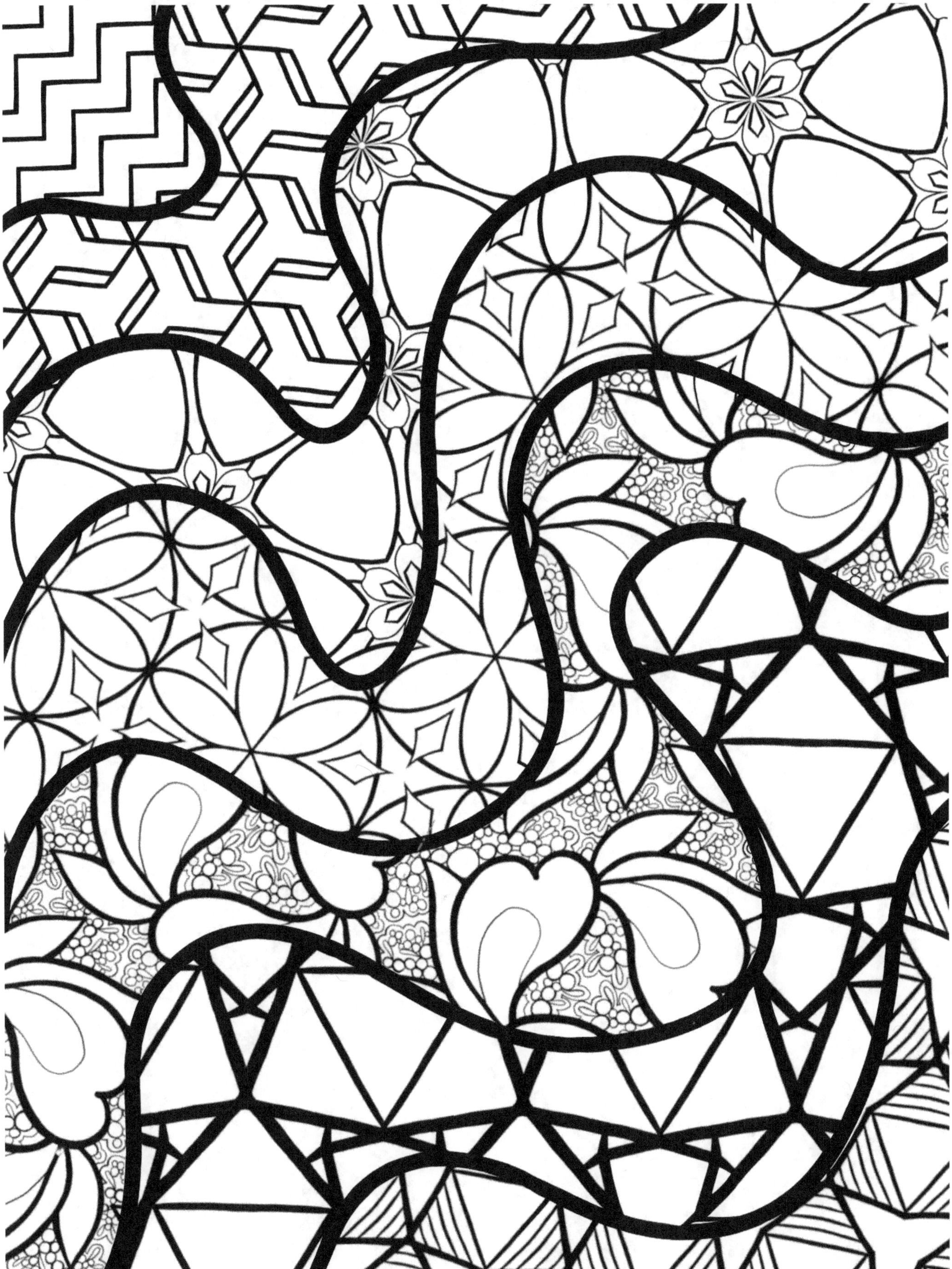

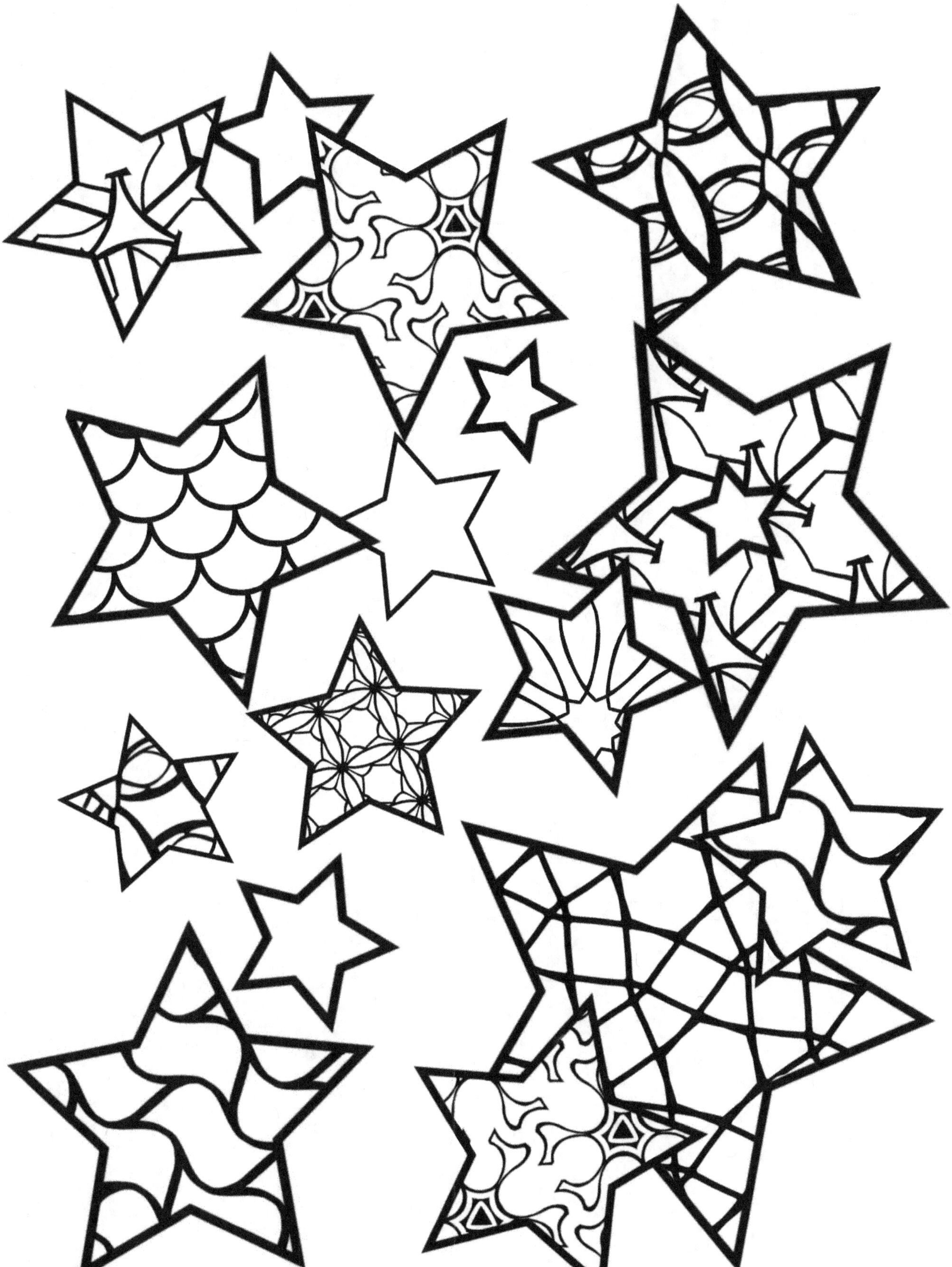

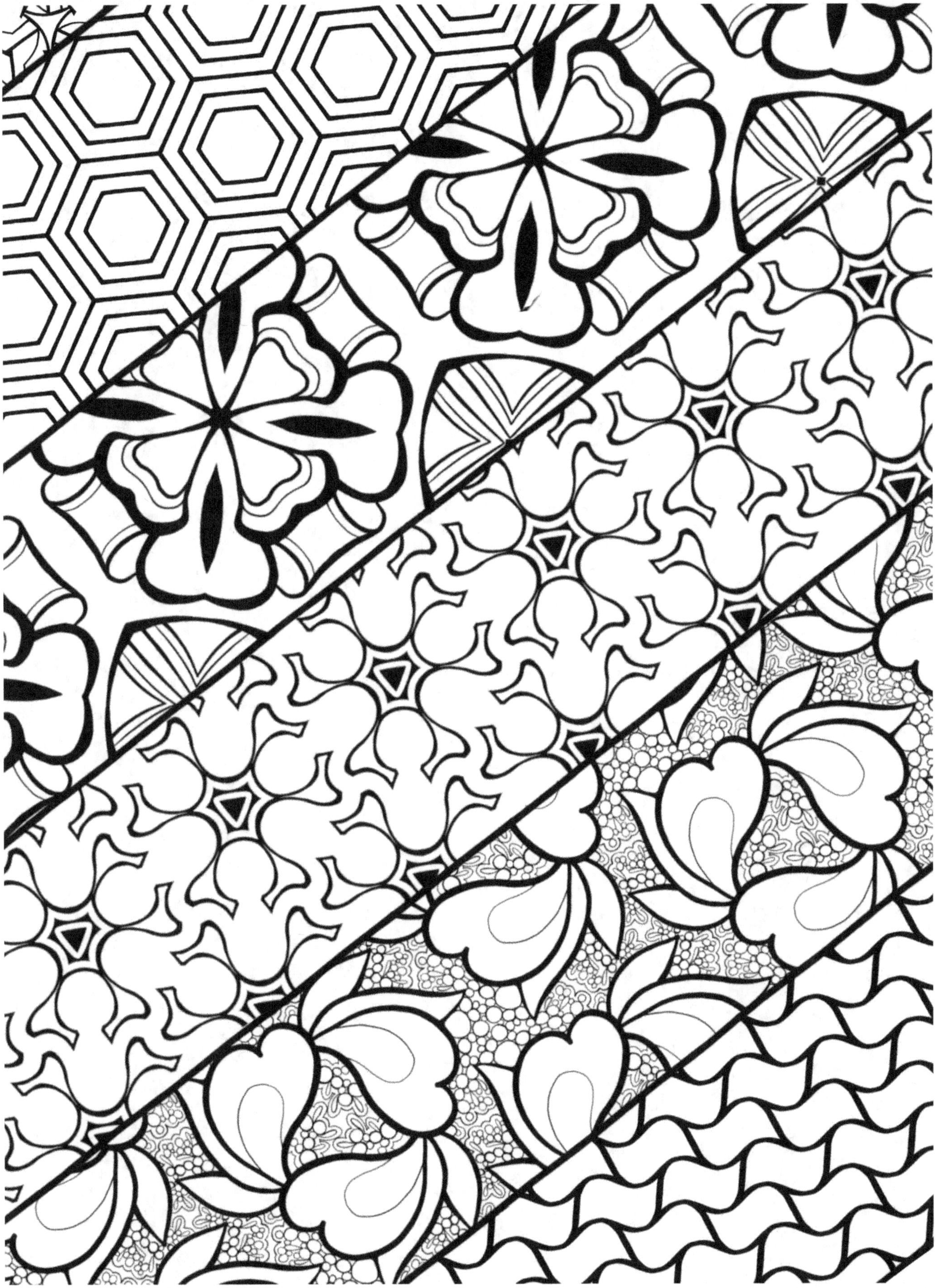

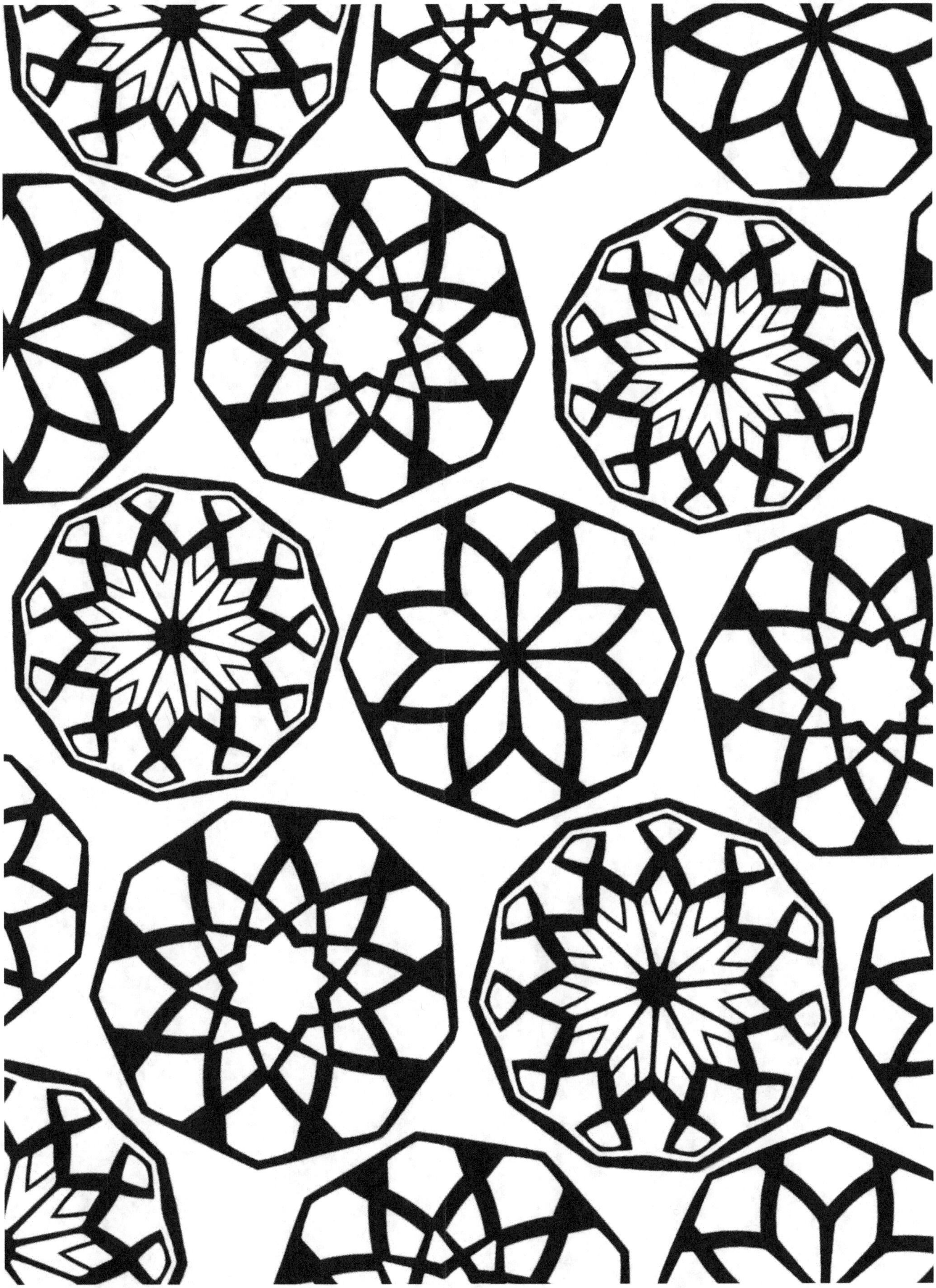

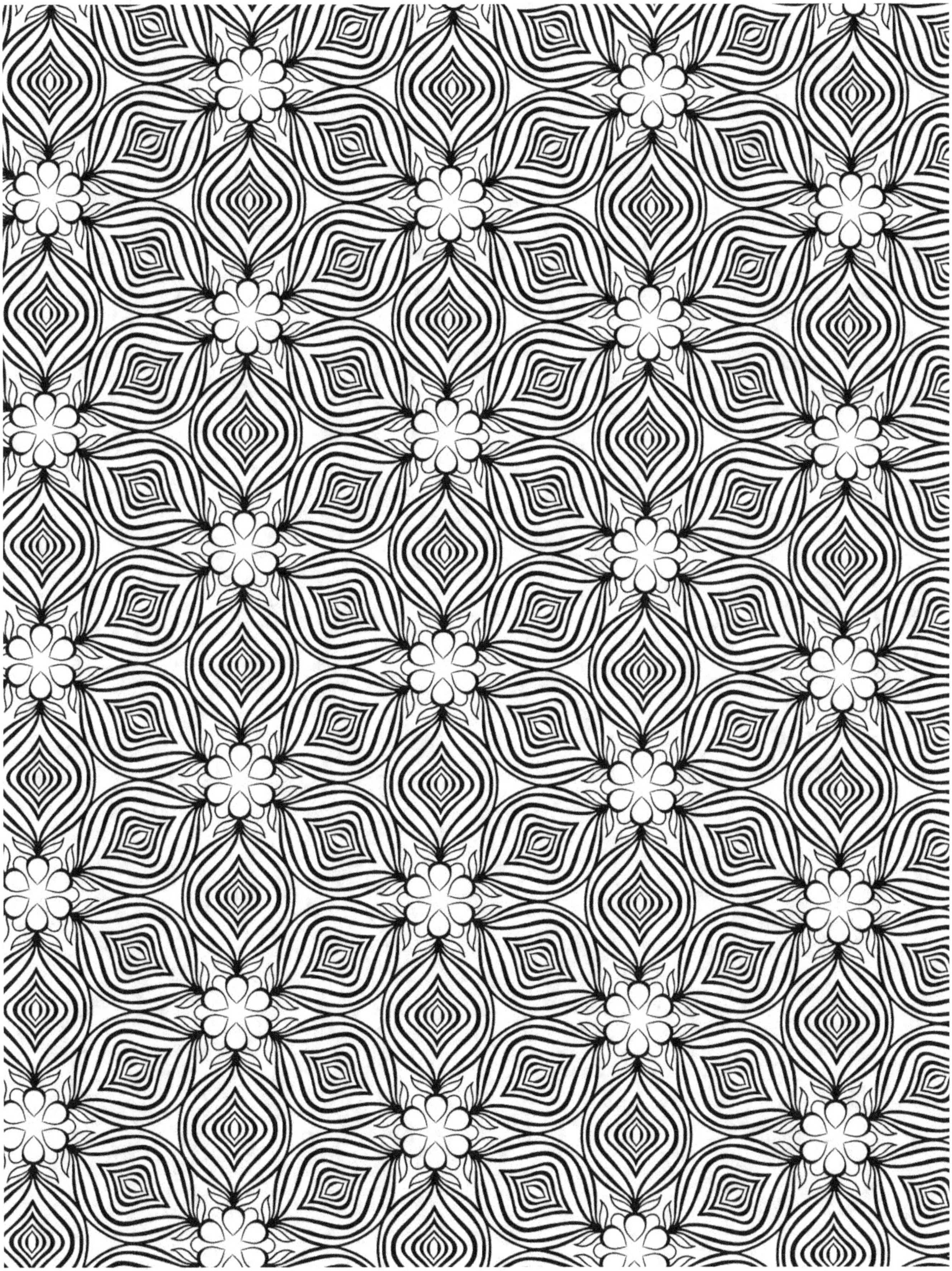

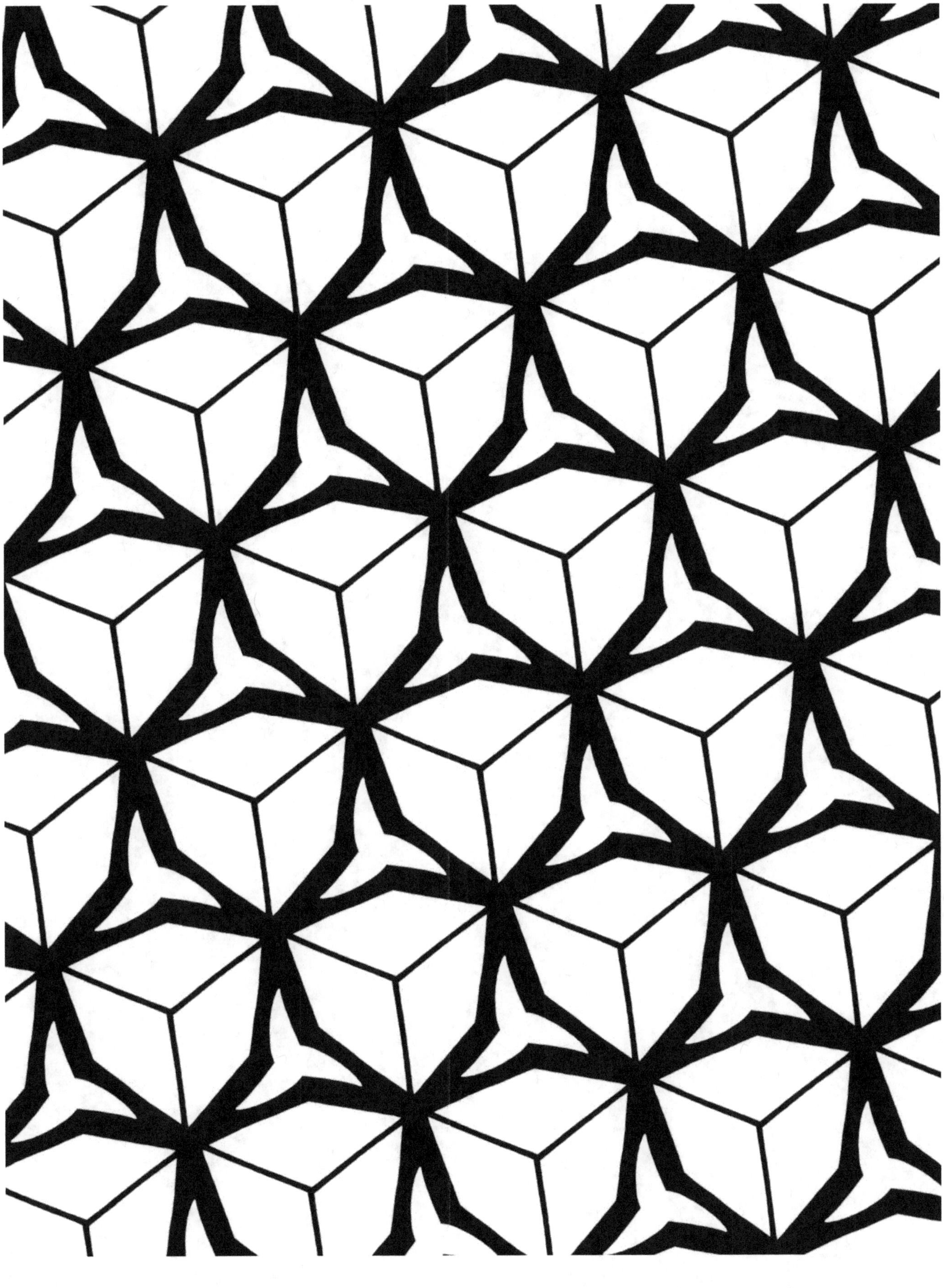

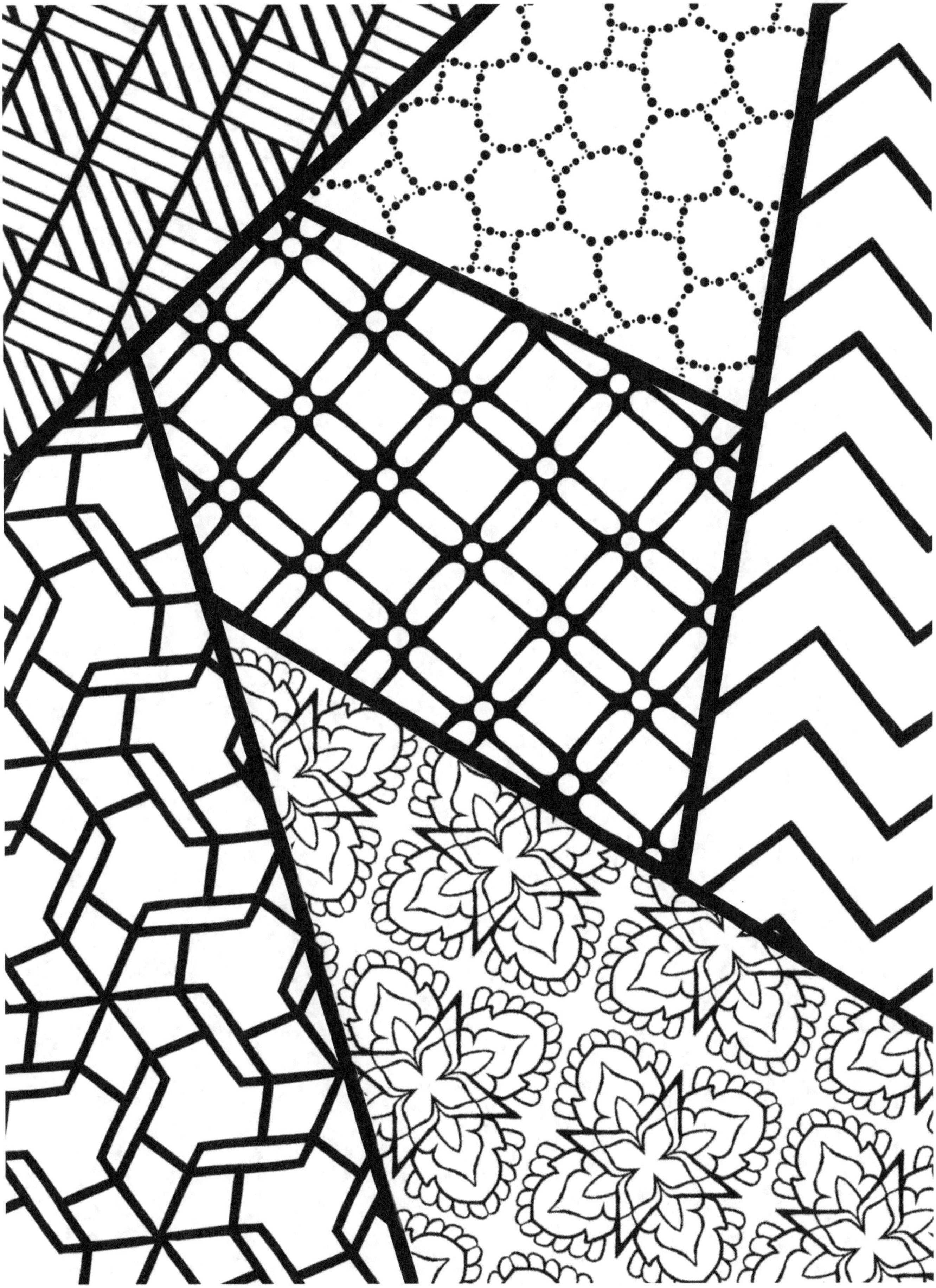

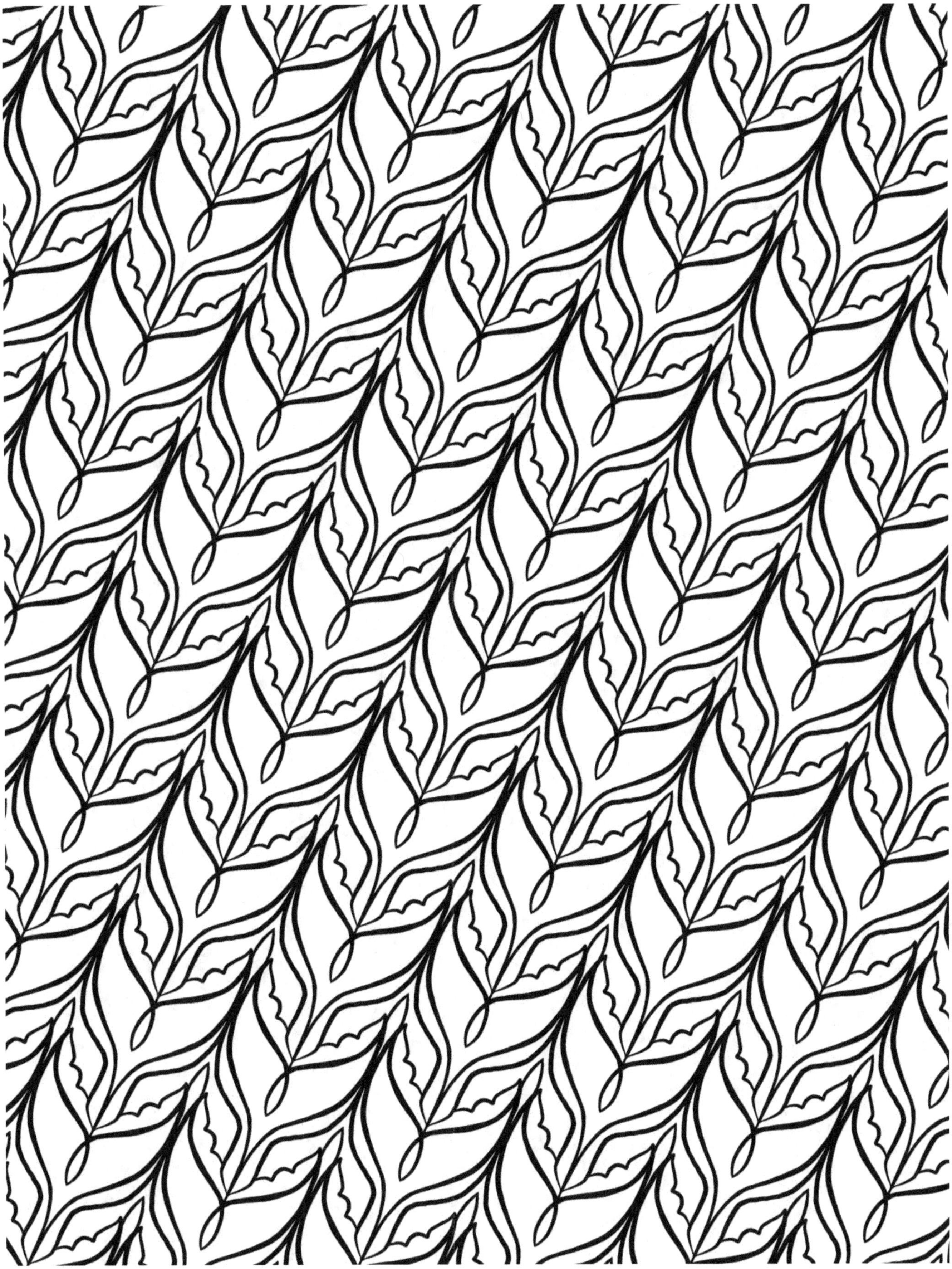

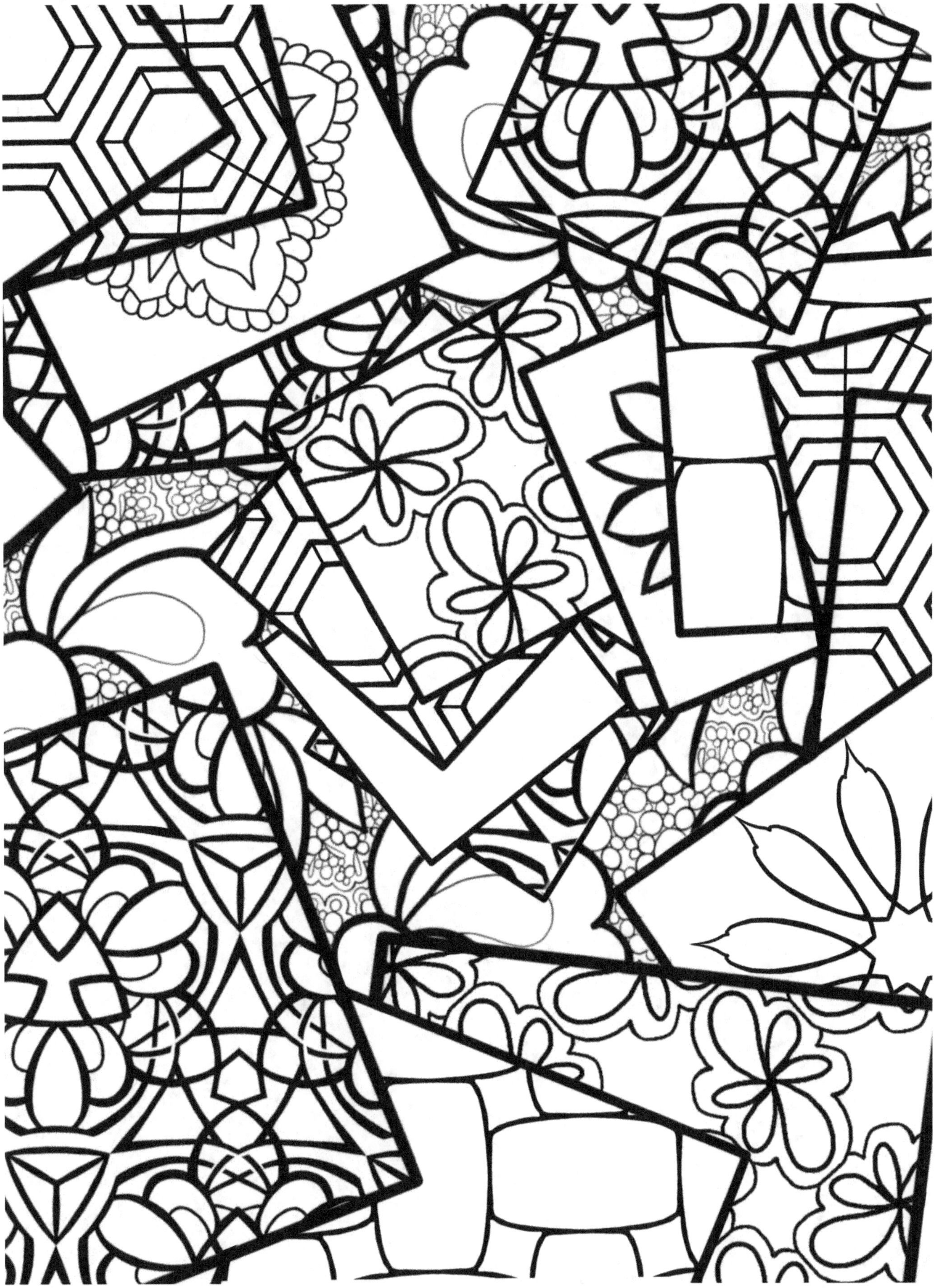

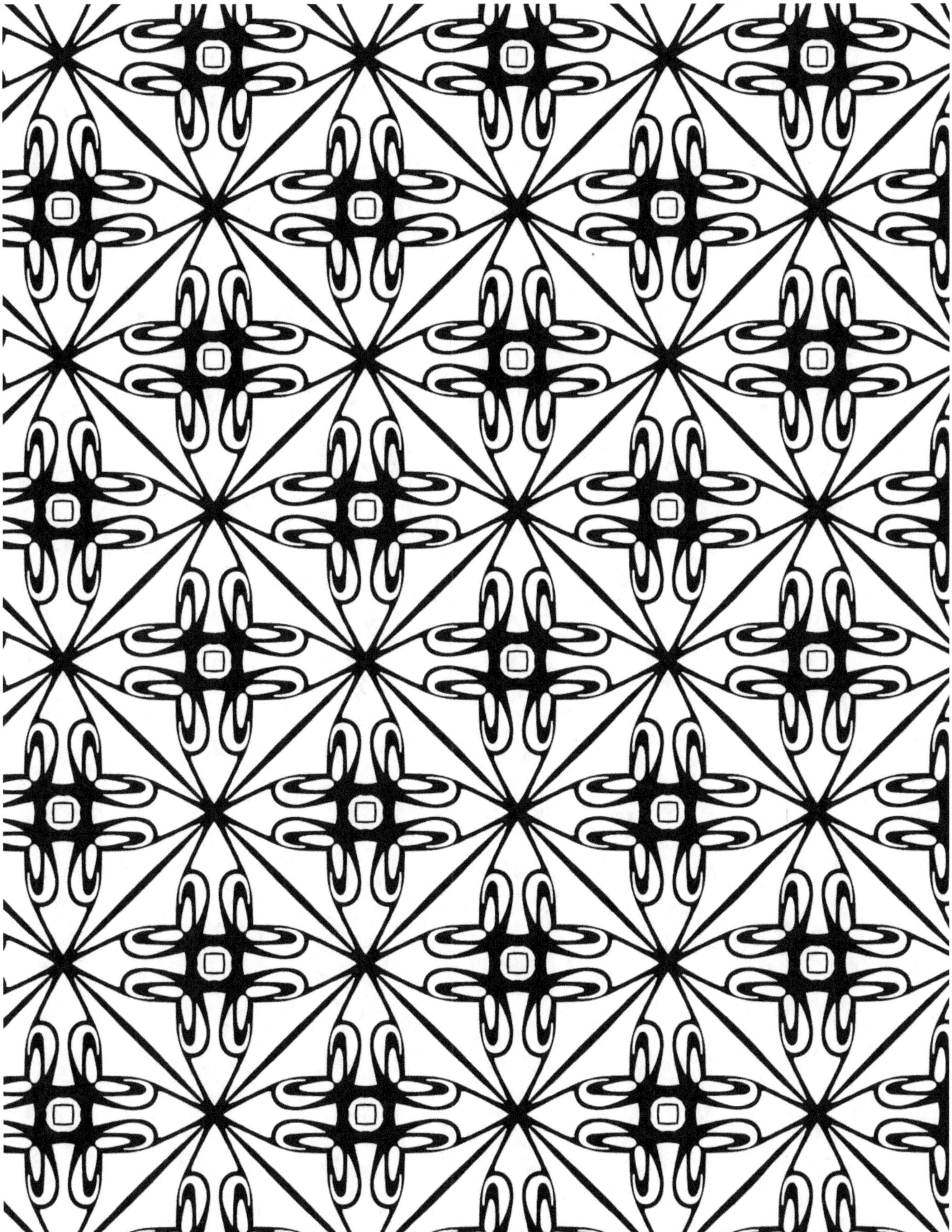

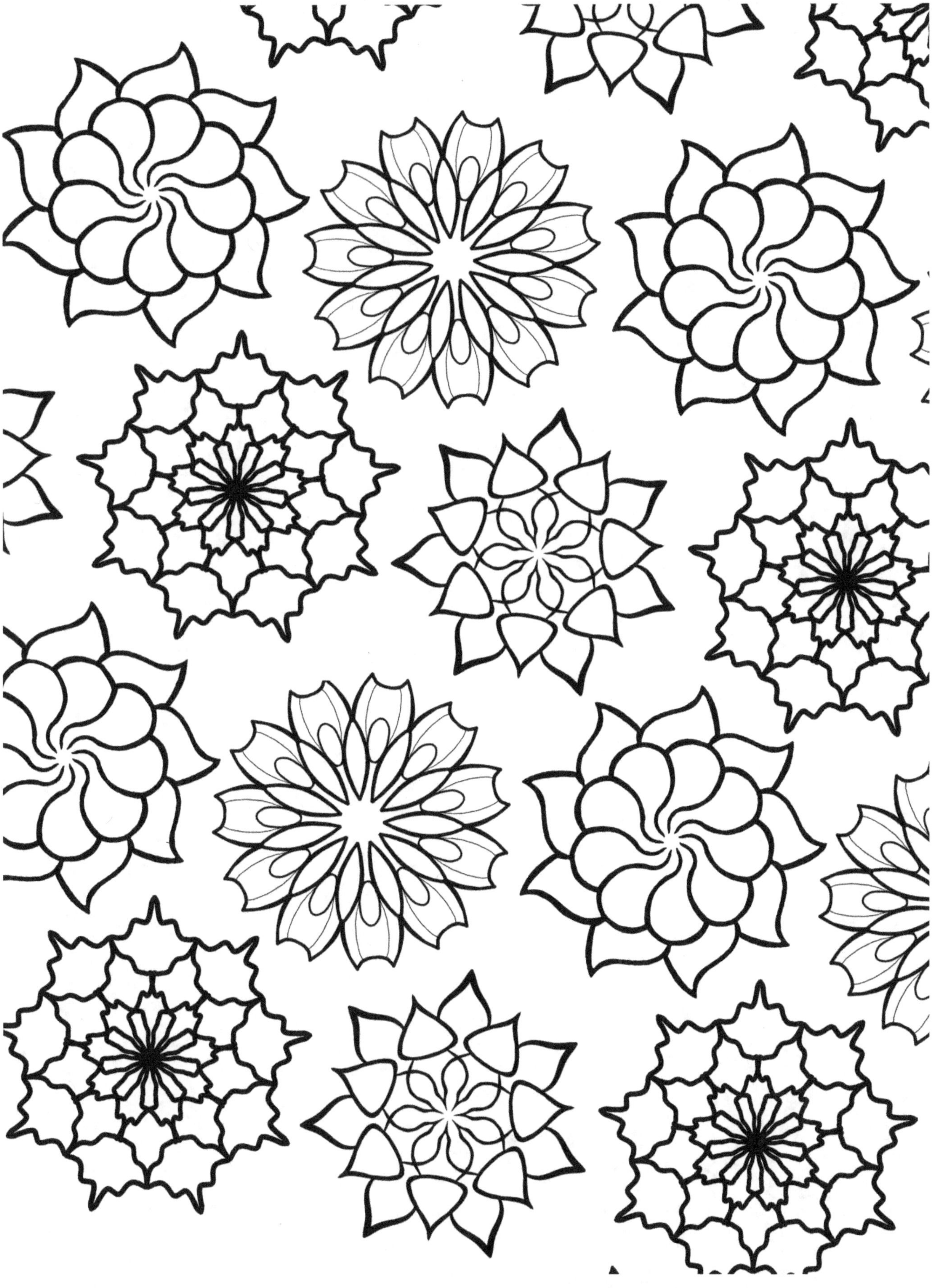

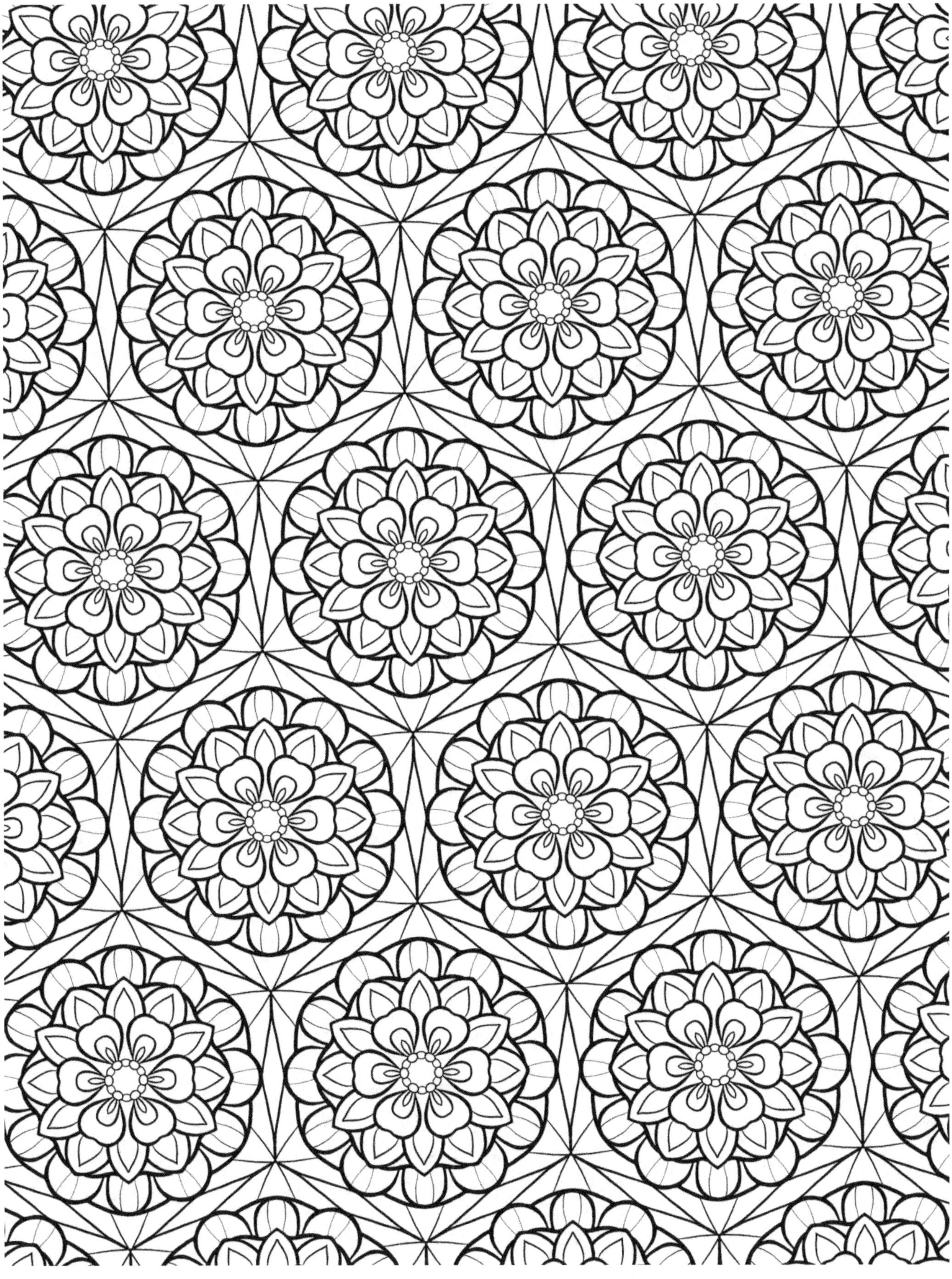

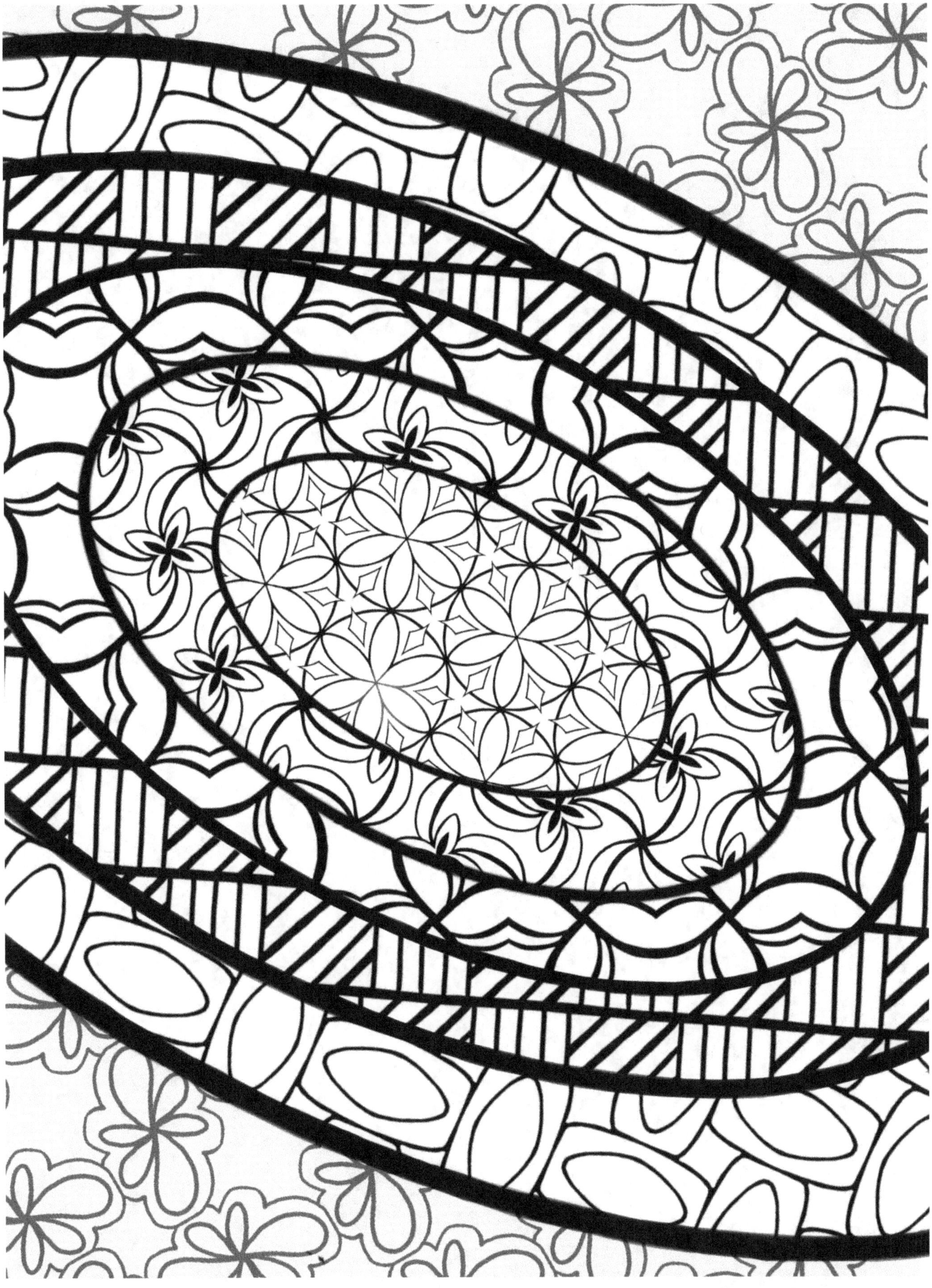

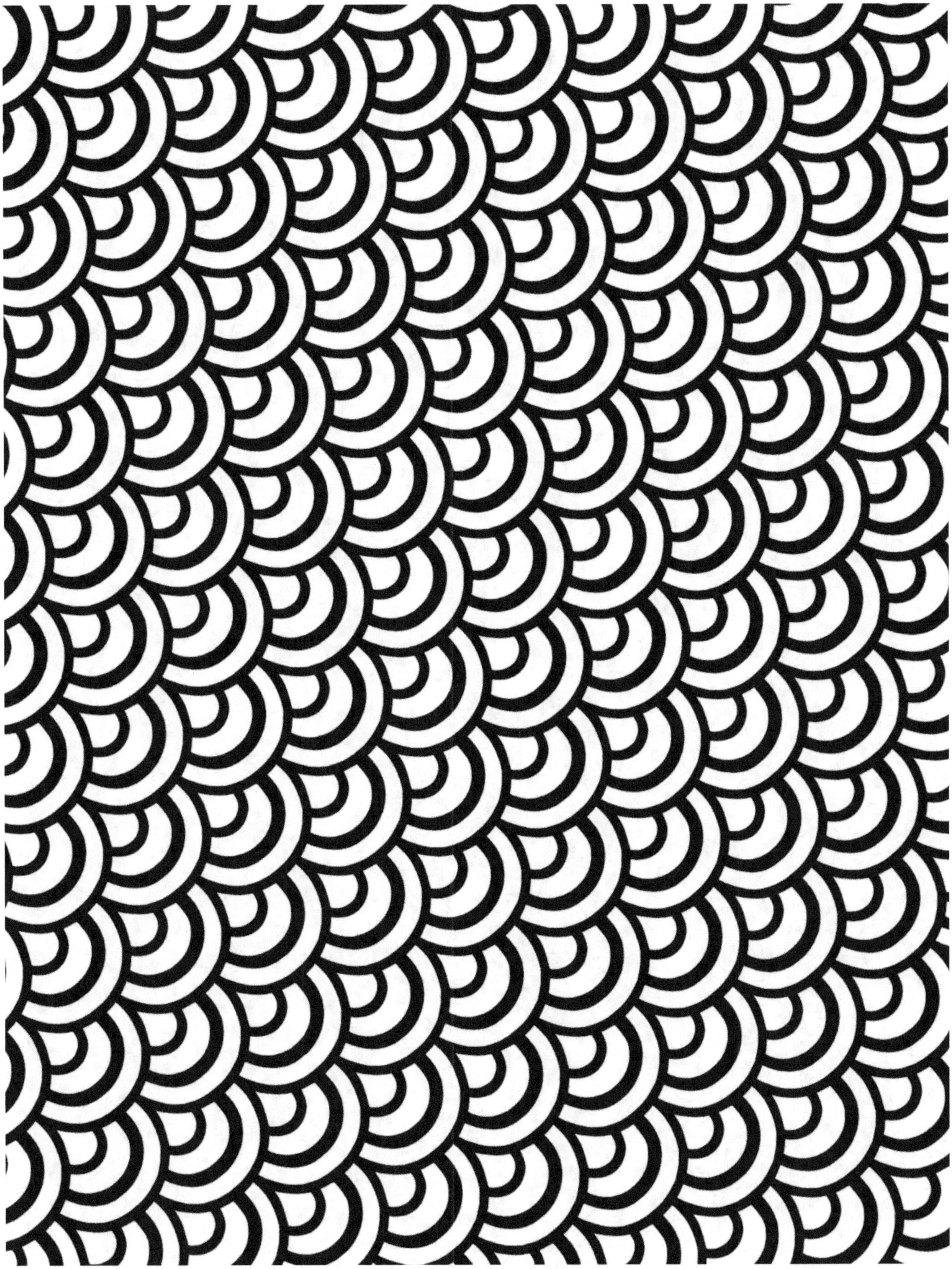

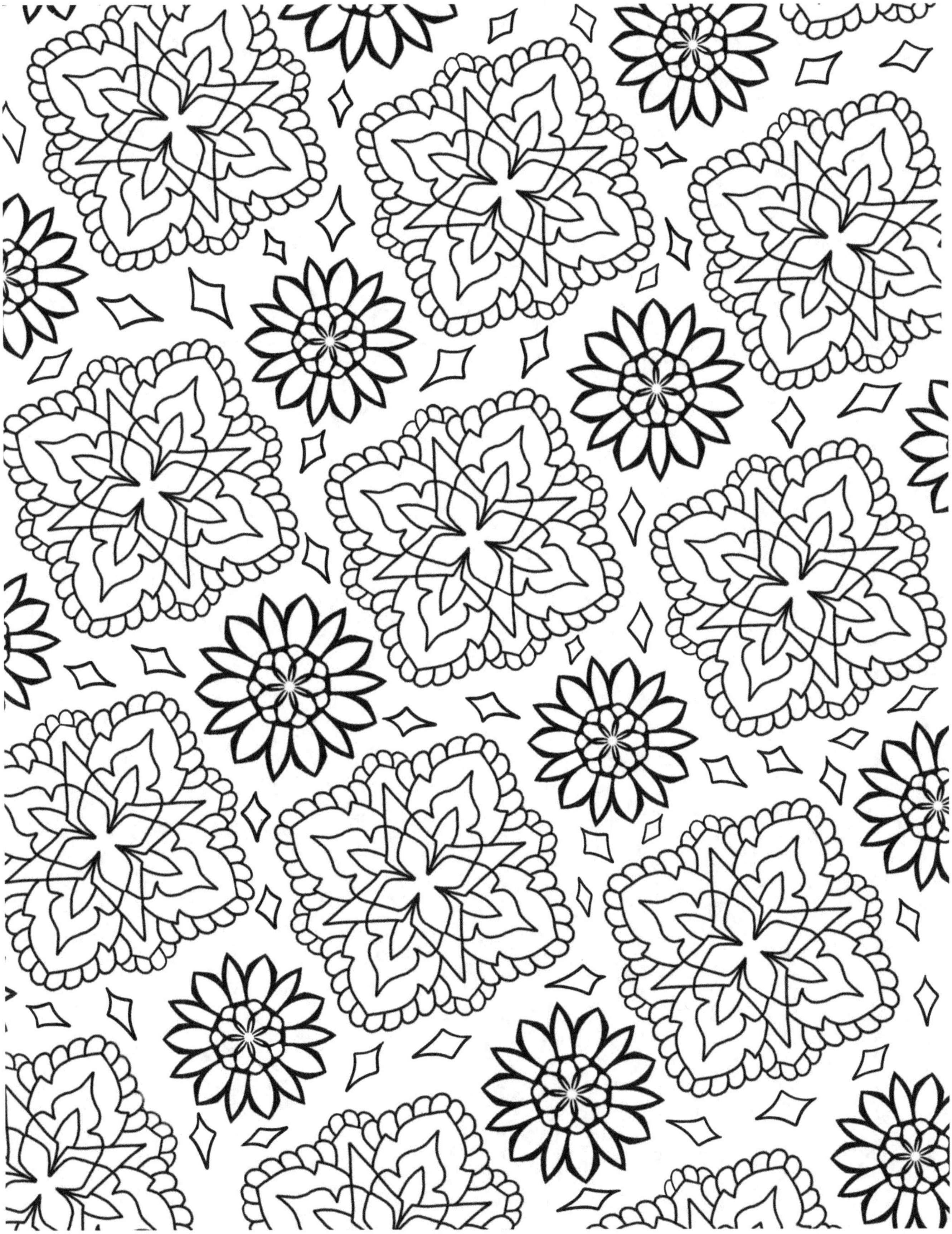

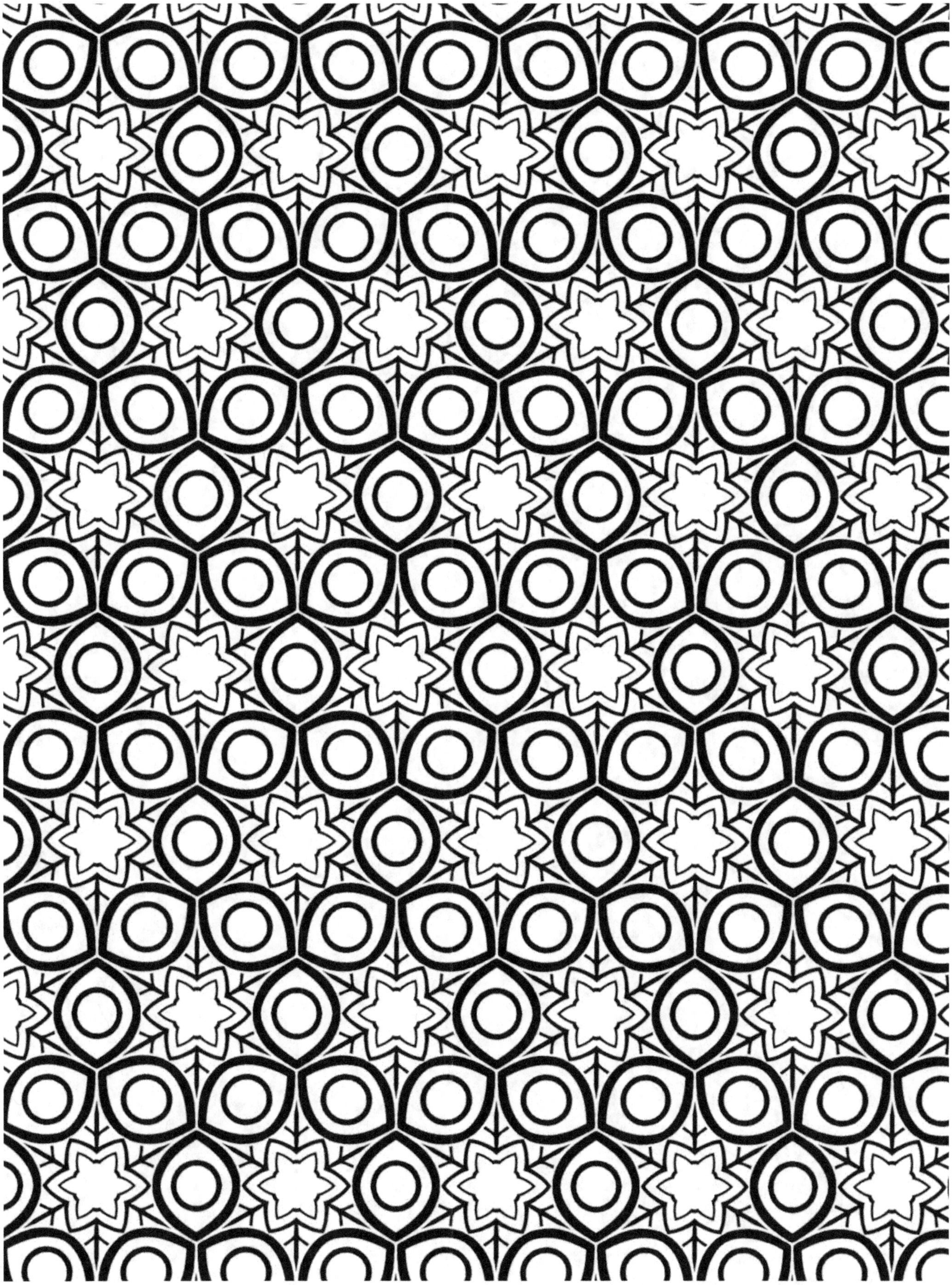

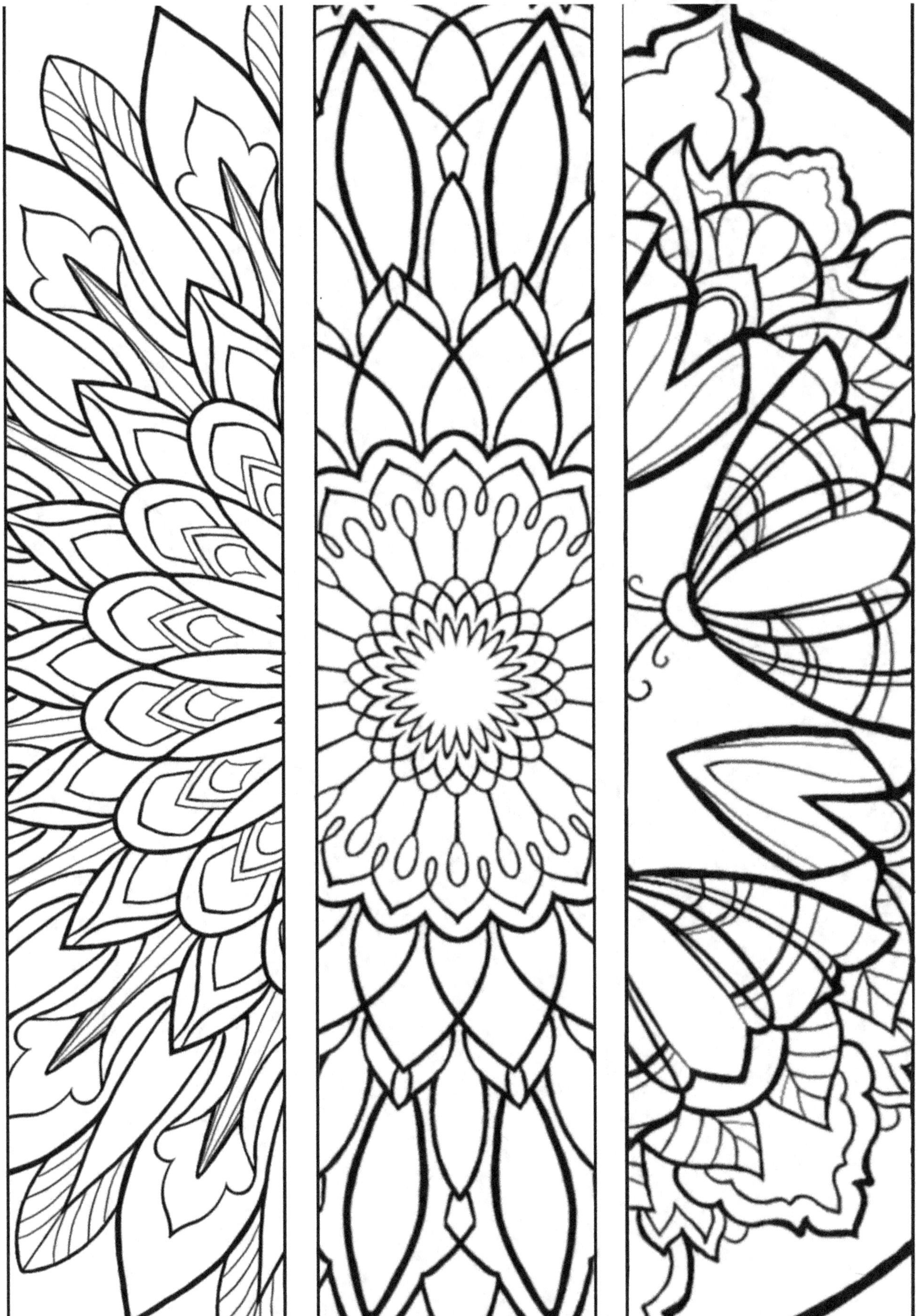

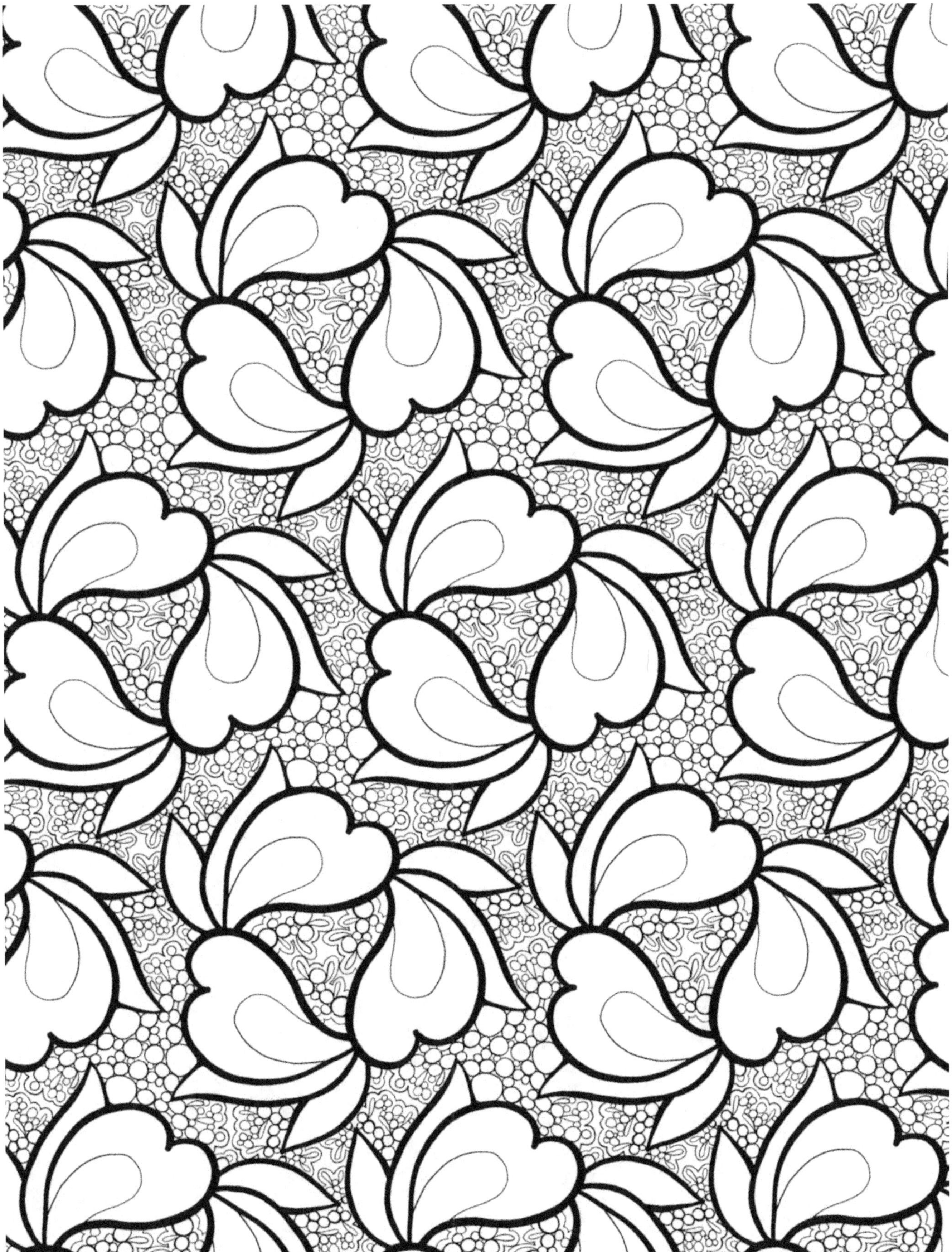

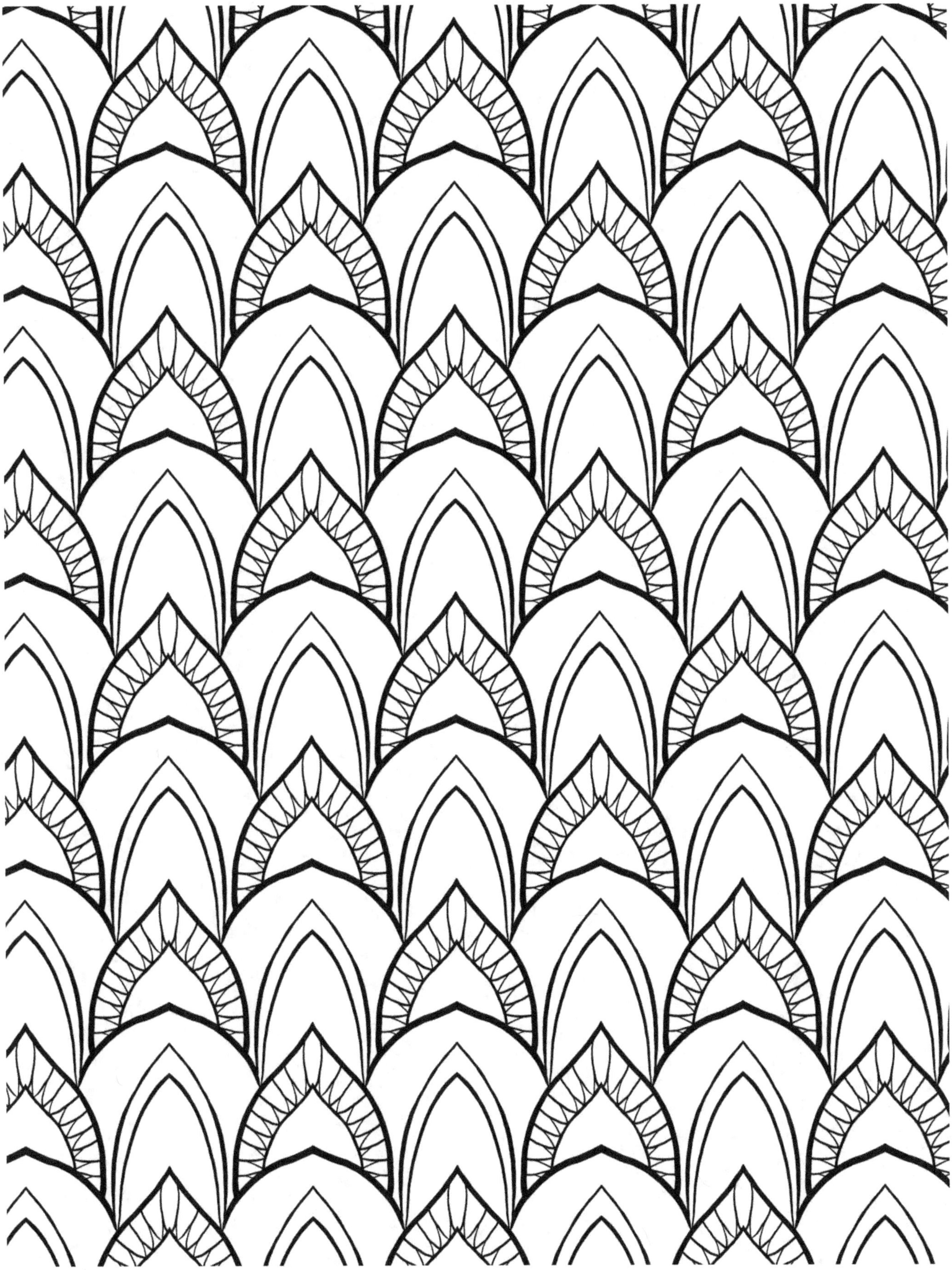

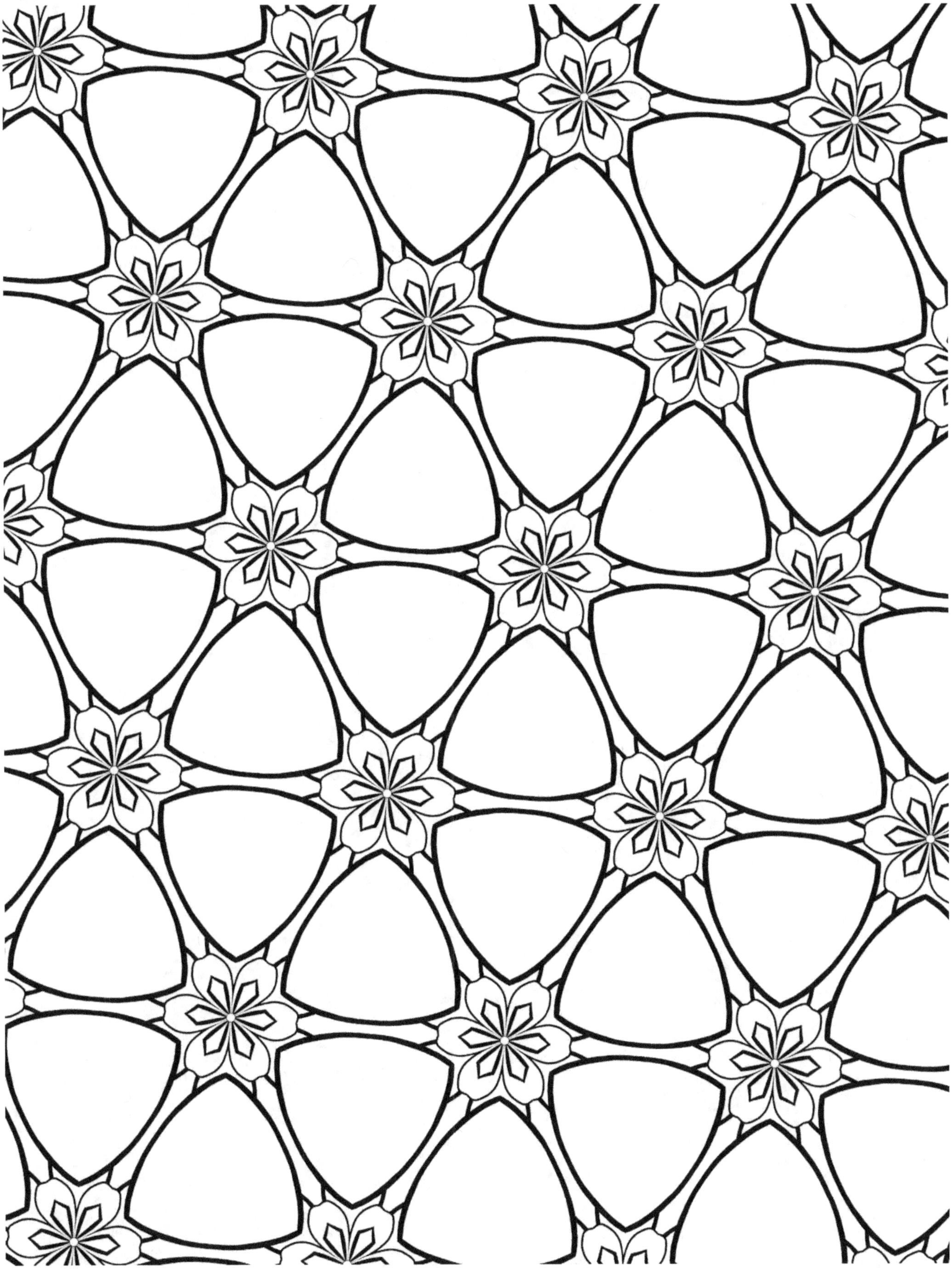

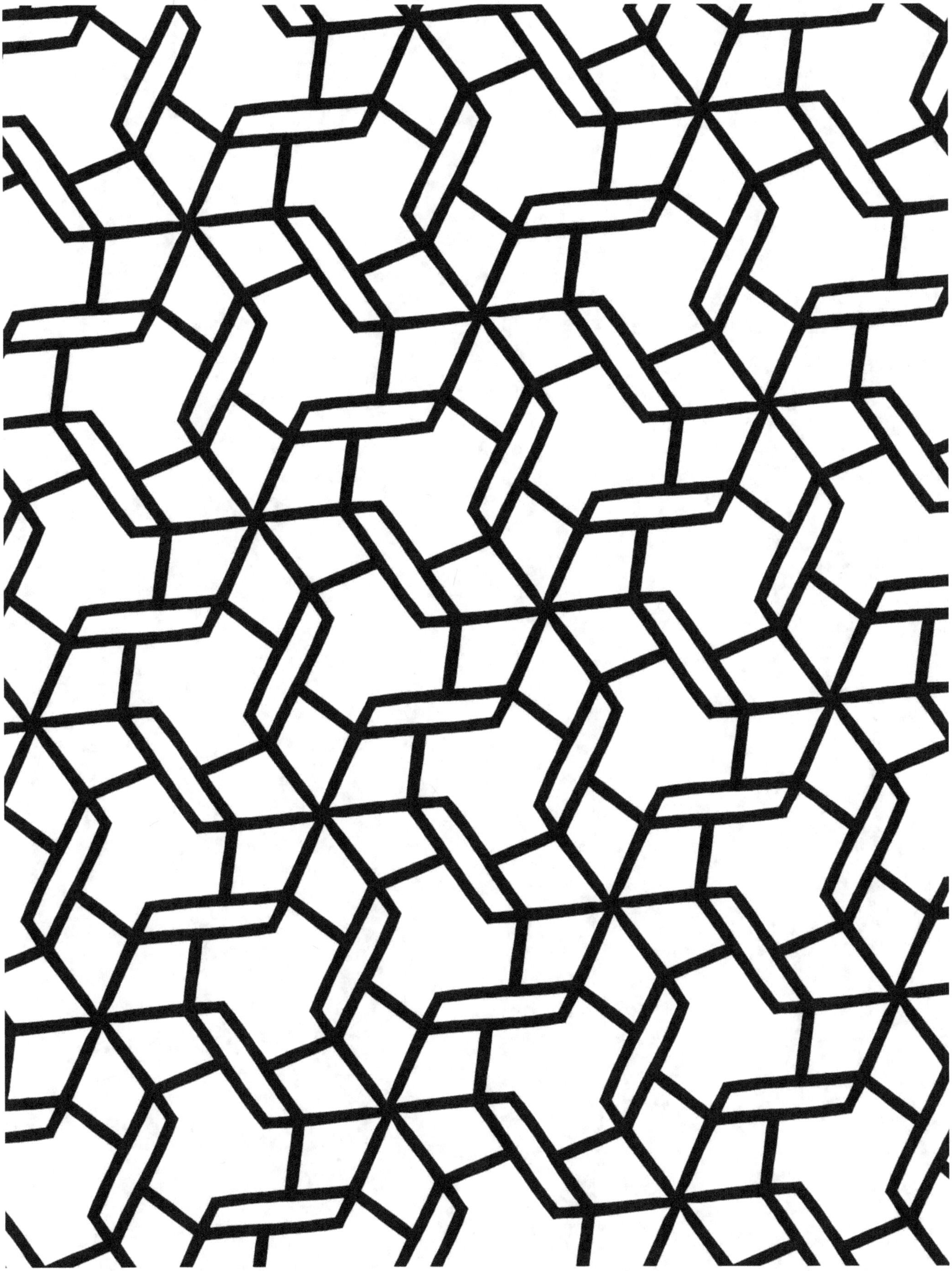

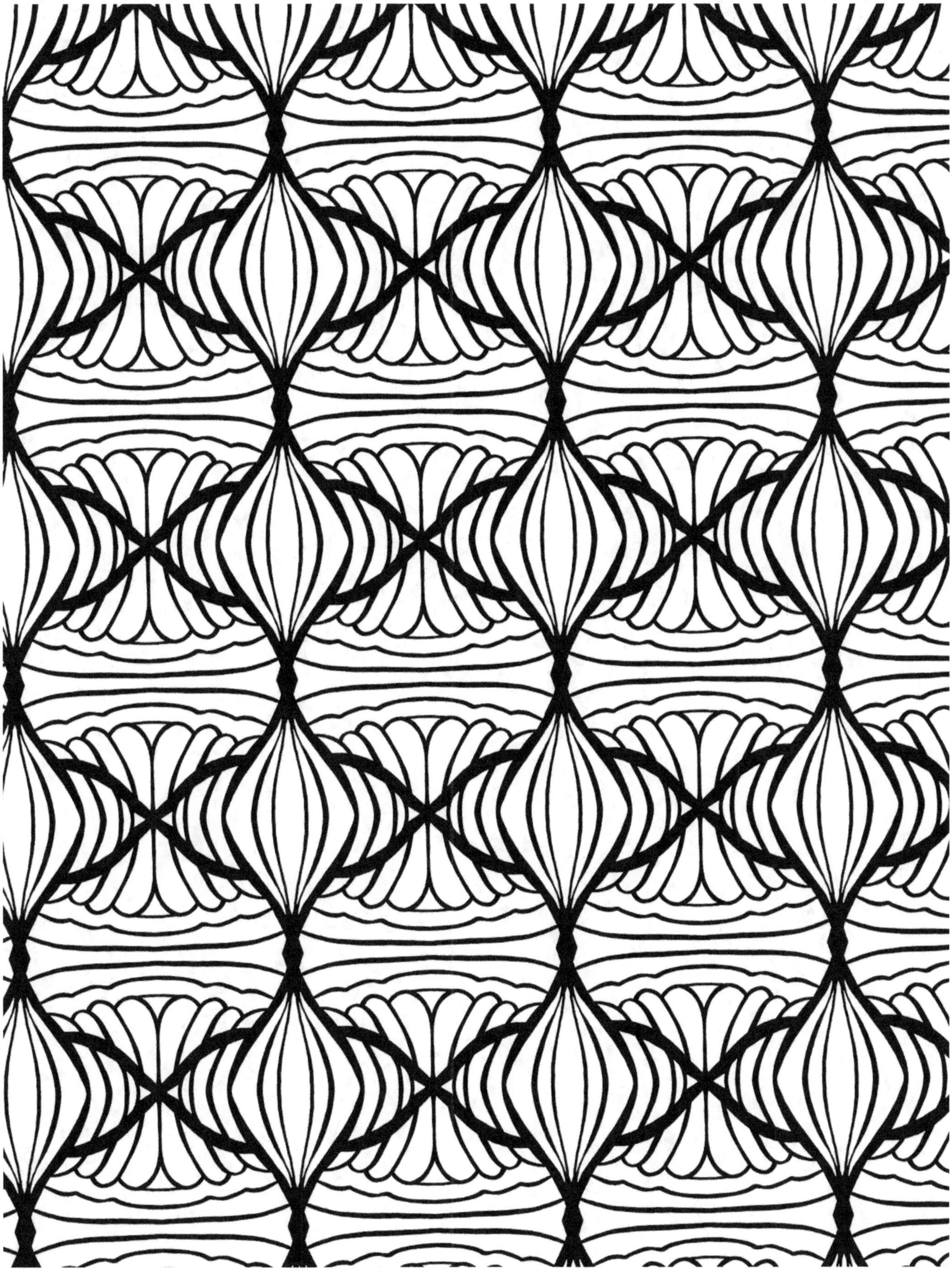

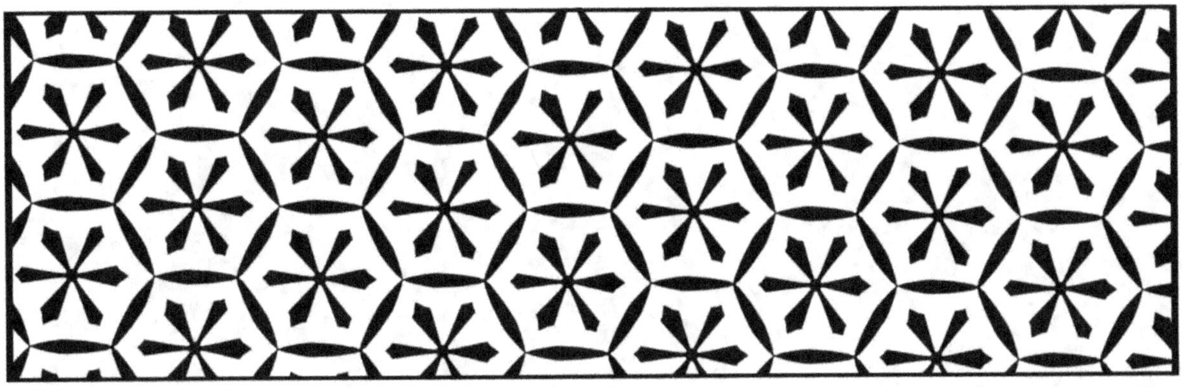
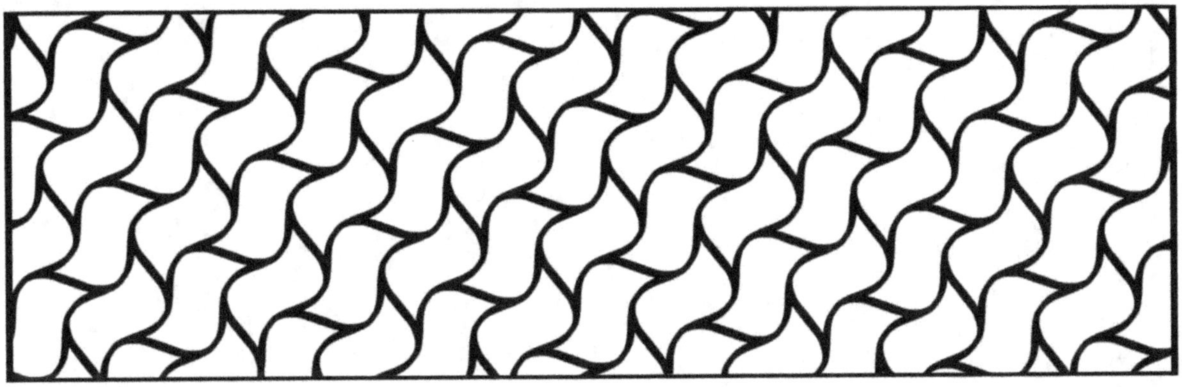
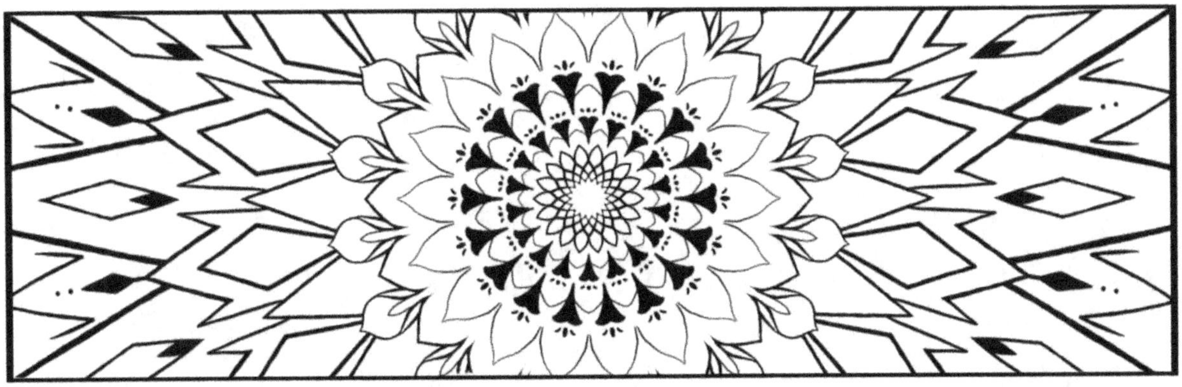
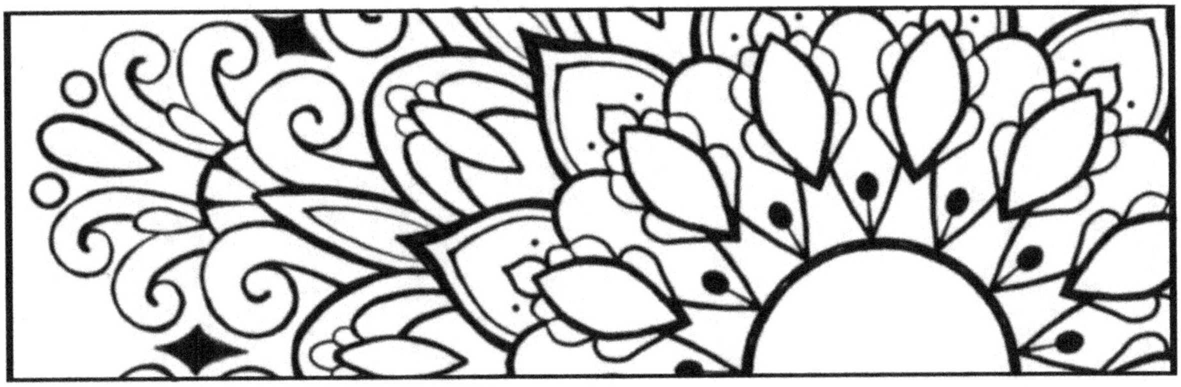

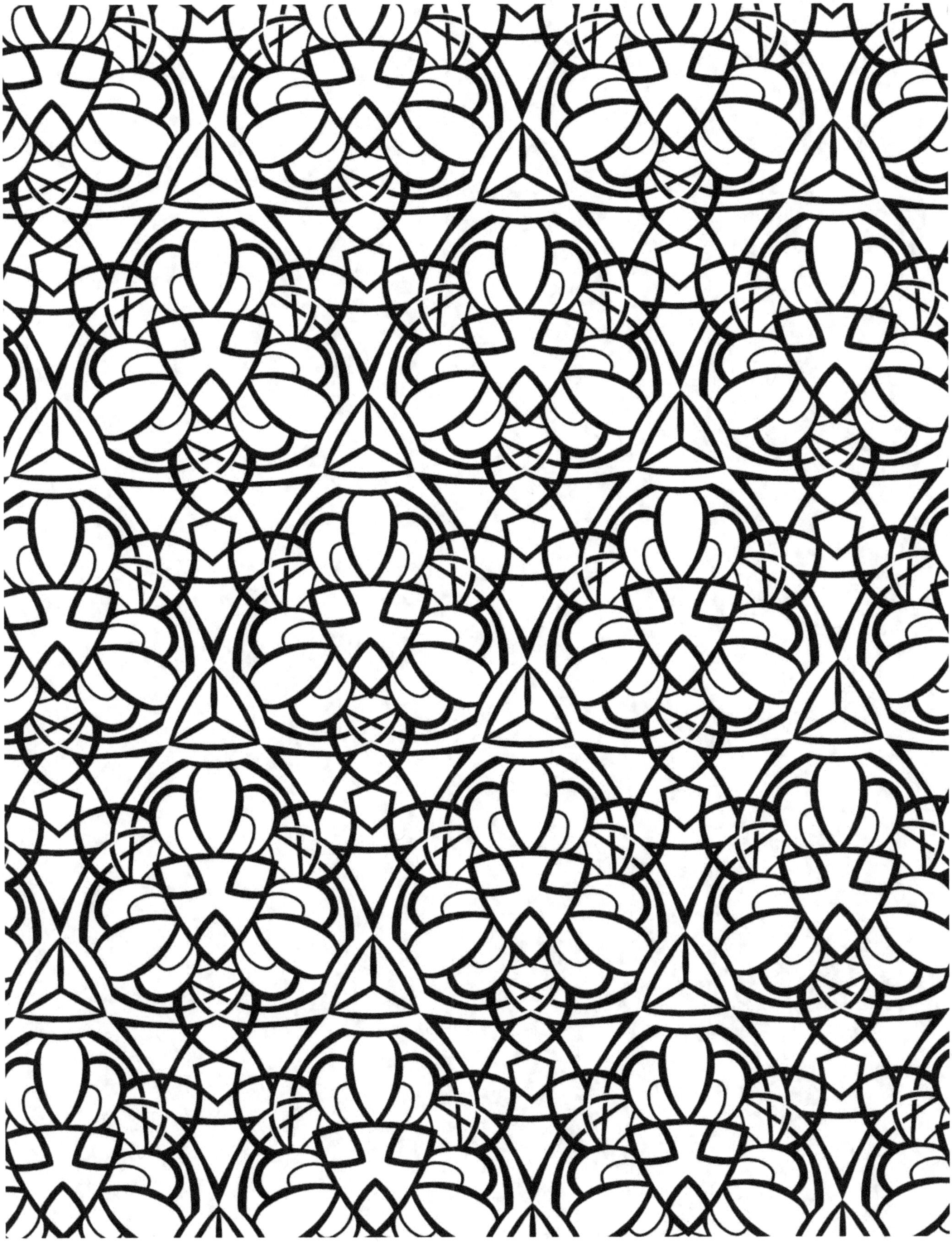

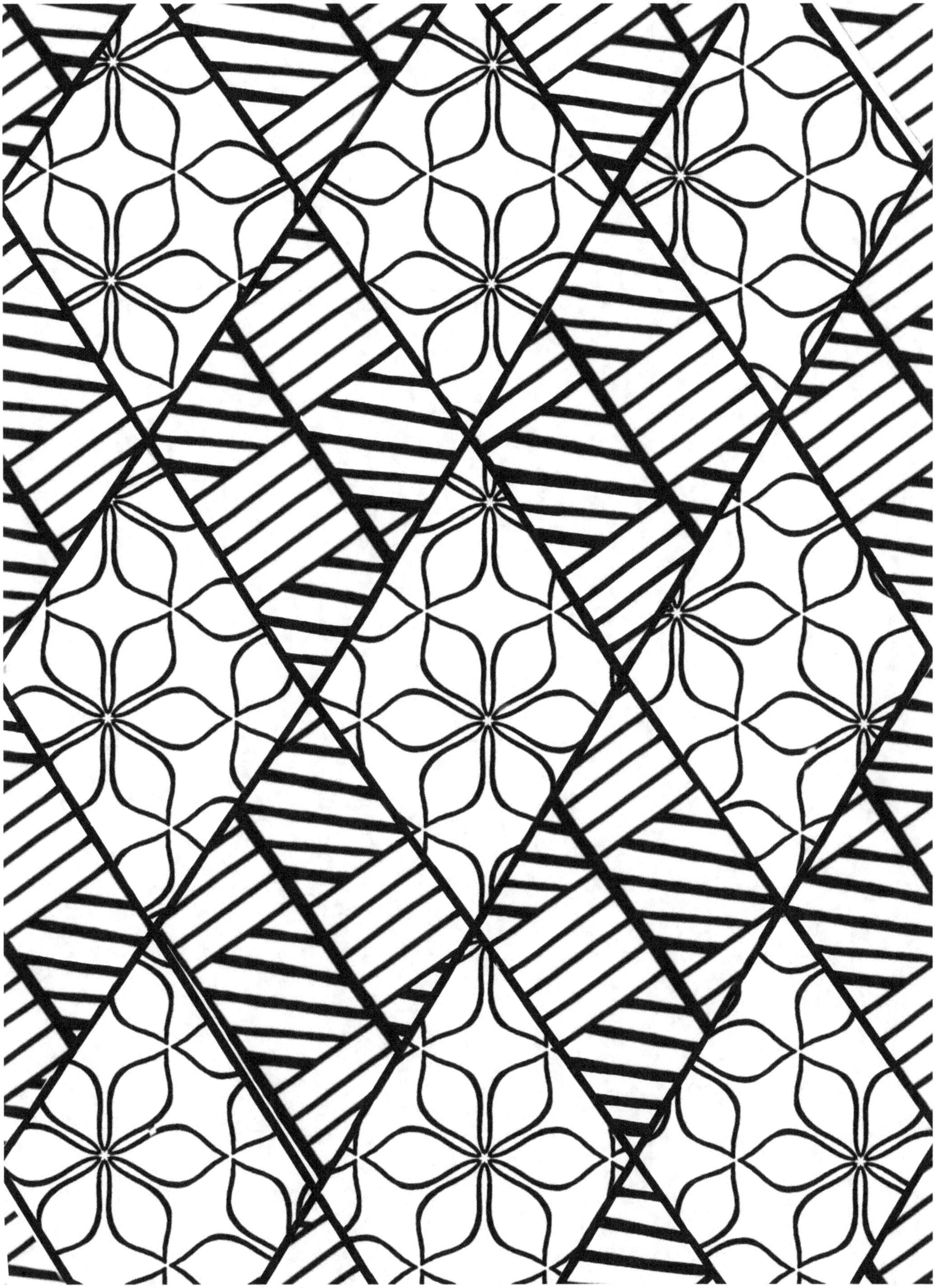

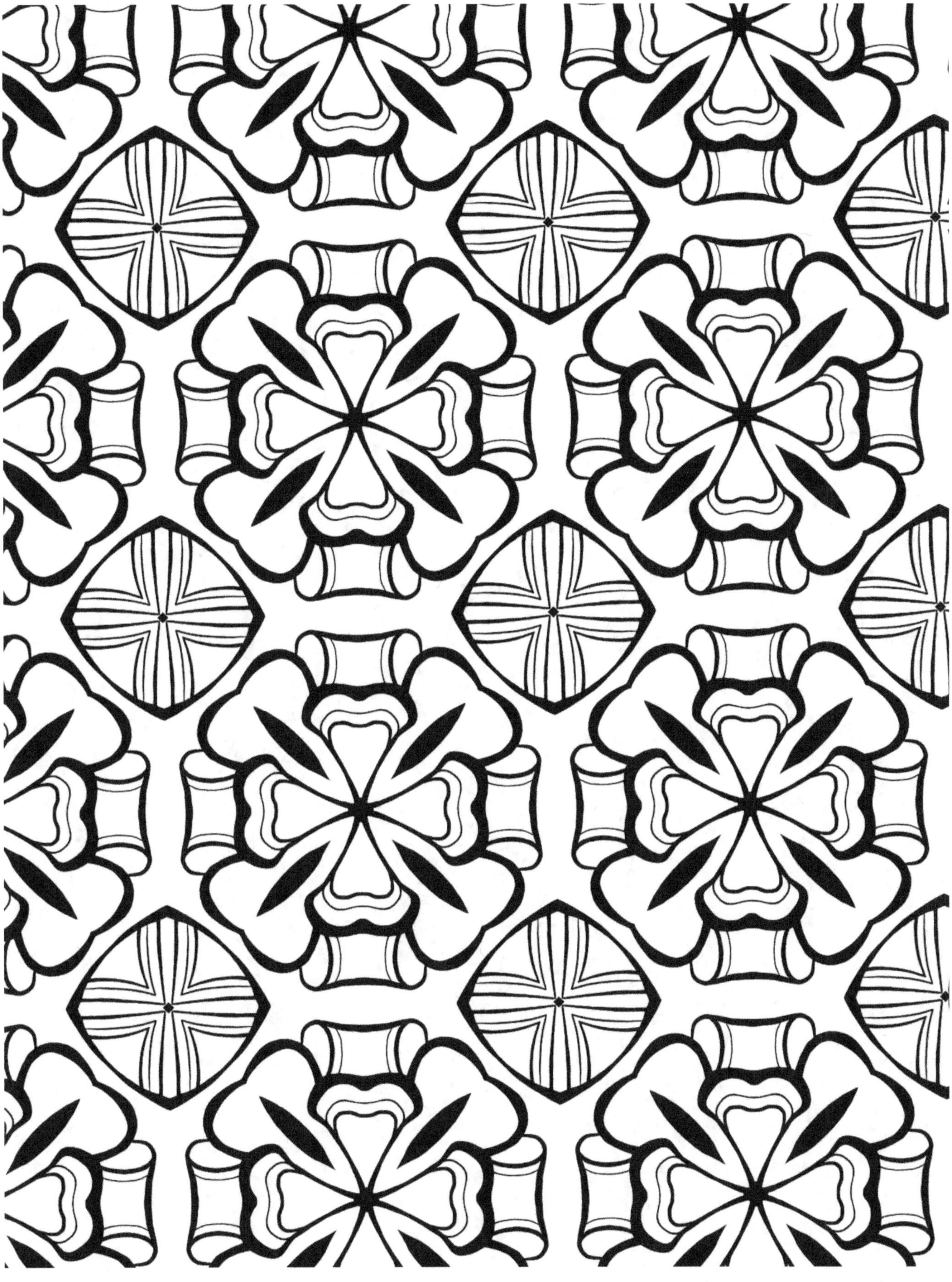

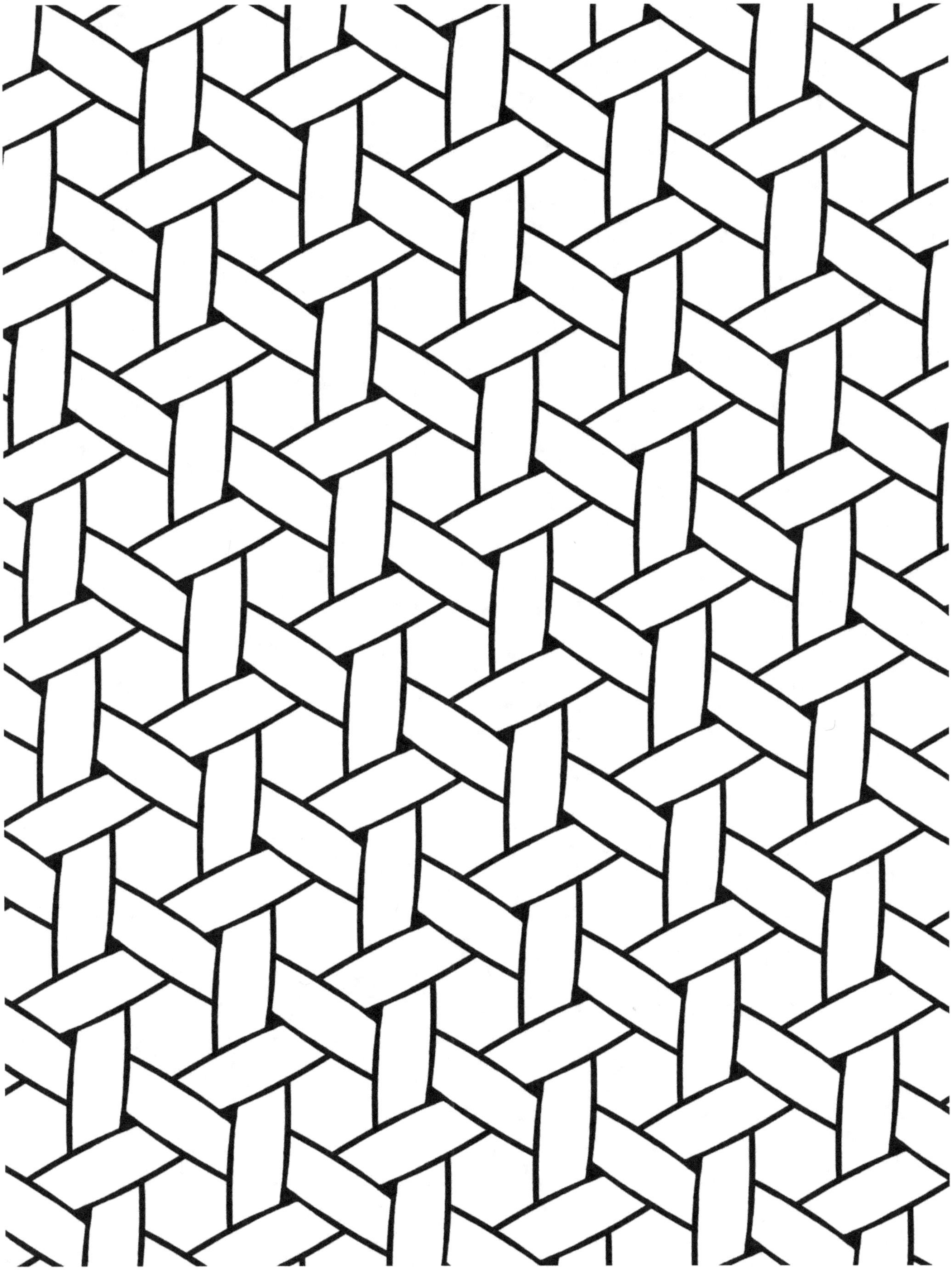

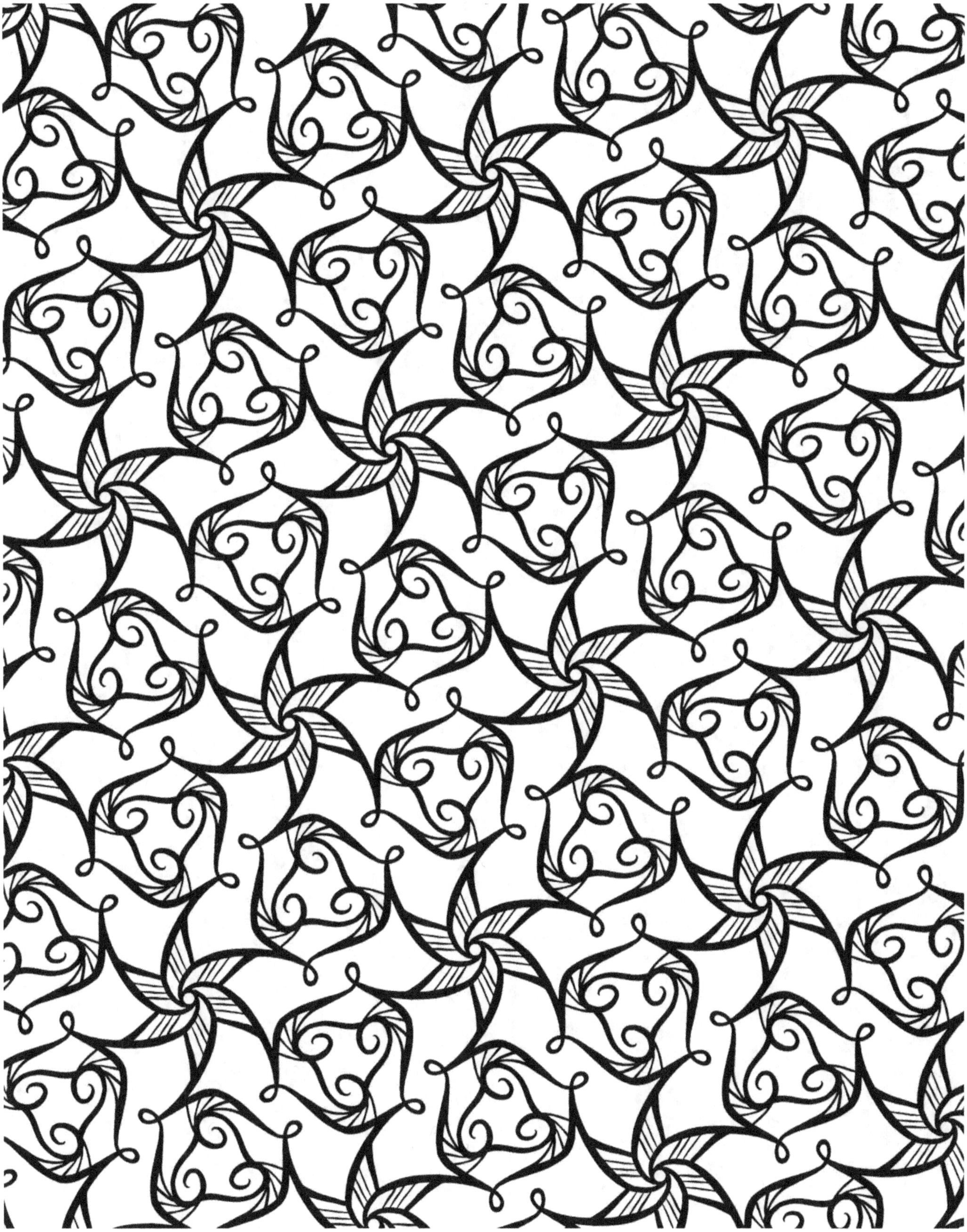

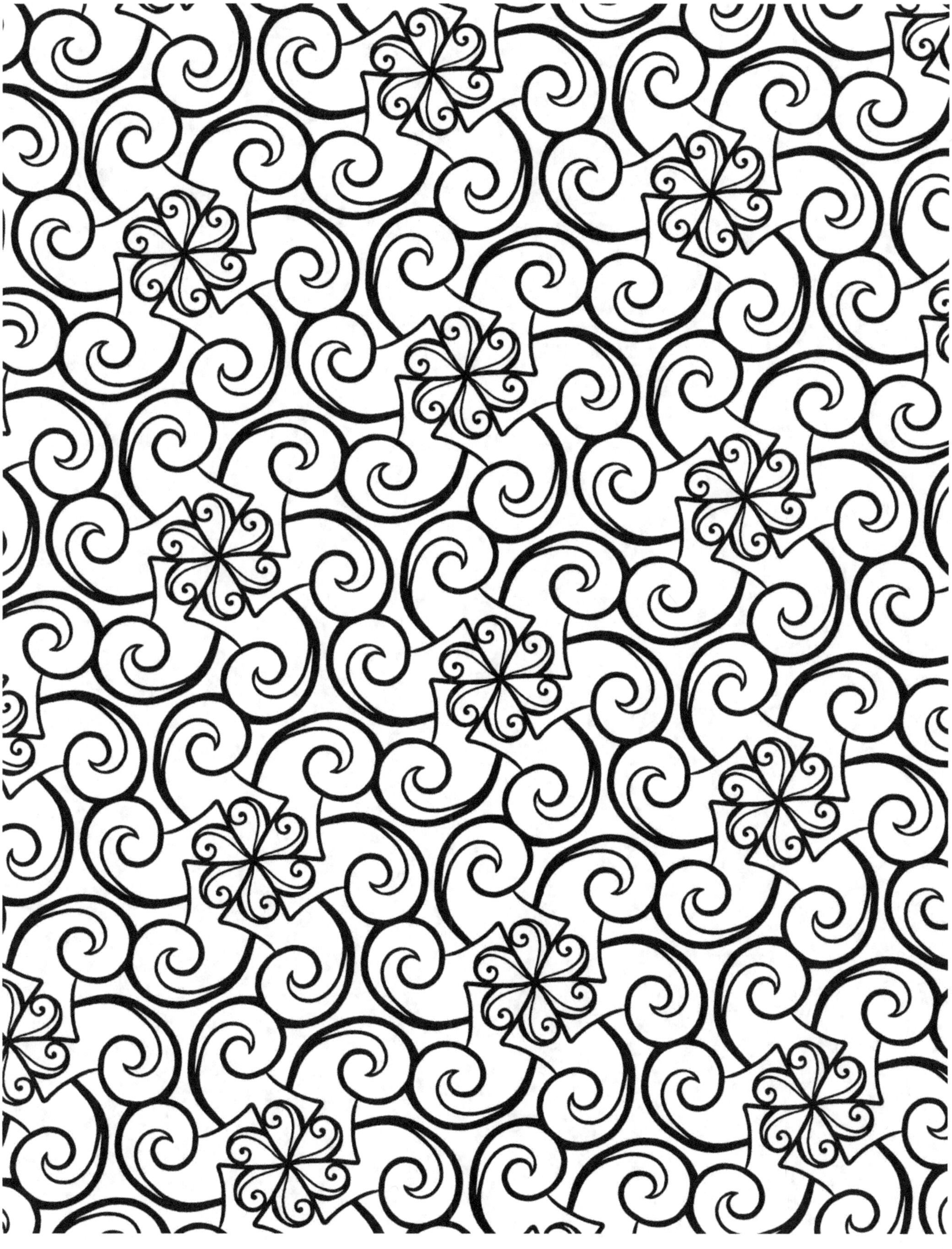

www.ingramcontent.com/pod-product-compliance
Lightning Source LLC
Chambersburg PA
CBHW082101220526
45472CB00016B/1915
9781720368748